KZ-Aufseherinnen vor Gericht

Zivilisationen & Geschichte

Herausgegeben von
Ina Ulrike Paul und Uwe Puschner

Band 1

PETER LANG

Frankfurt am Main · Berlin · Bern · Bruxelles · New York · Oxford · Wien

Ljiljana Heise

KZ-Aufseherinnen vor Gericht

Greta Bösel – „another of those
brutal types of women"?

PETER LANG

Internationaler Verlag der Wissenschaften

Bibliografische Information der Deutschen Nationalbibliothek
Die Deutsche Nationalbibliothek verzeichnet diese Publikation
in der Deutschen Nationalbibliografie; detaillierte bibliografische
Daten sind im Internet über <http://www.d-nb.de> abrufbar.

Umschlaggestaltung:
Olaf Glöckler, Atelier Platen, Friedberg

Umschlagabbildung:
Greta Bösel im ersten Ravensbrück Prozess,
Foto: ullstein bild

Mahn- und Gedenktstätte Ravensbrück,
Foto: Sebastian Heise

Die Drucklegung dieses Bandes wurde durch die
freundliche Unterstützung des
Fachbereichs Geschichts- und Kulturwissenschaften der
Freien Universität Berlin
und insbesondere der Frauenbeauftragten ermöglicht.

ISSN 1867-092X
ISBN 978-3-631-58465-1

© Peter Lang GmbH
Internationaler Verlag der Wissenschaften
Frankfurt am Main 2009
Alle Rechte vorbehalten.

www.peterlang.de

Inhalt

5

Vorwort

Der **Hedwig-Hintze-Frauenförderpreis** für die beste Staatsexamens- oder Magisterarbeit, den der Fachbereich Geschichts- und Kulturwissenschaften der Freien Universität Berlin aus Frauenfördermitteln jährlich vergibt, wurde im Sommersemester 2007 an die am Friedrich-Meinecke-Institut studierende Historikerin Ljiljana Heise vergeben. Bei der Preisverleihung würdigte die Frauenbeauftragte, Frau Schmidt-Bartsch, Frau Heises Magistraarbeit „Der erste Ravensbrück-Prozess (1946/47) und die Frage ‚weiblicher' Täterschaft im Nationalsozialismus. Dargestellt und untersucht anhand der Prozessakten zum Fall Greta Bösel" als bemerkenswert reife wissenschaftliche Leistung, welche auf eigenständiger Forschung beruhe, ein neues Forschungsfeld eröffne und die besondere Aufmerksamkeit der Leser/innen auf die zentrale Bedeutung des Genderaspekts lenke.

Der **Hedwig-Hintze-Frauenförderpreis** des Fachbereichs Geschichts- und Kulturwissenschaften ist nach der jüdischen Historikerin Hedwig Hintze (1884-1942) benannt, die 1924 bei Friedrich Meinecke mit „summa cum laude" promovierte und 1928 als zweite deutsche Historikerin habilitierte. 1933 wurden ihre Hochschulkarriere, ihre Lehrtätigkeit an der Friedrich-Wilhelms-Universität zu Berlin und ihre Mitarbeit in der Redaktion der „Historischen Zeitschrift" durch die Machtergreifung der Nationalsozialsten abrupt beendet. Nach einem zweijährigen Forschungsaufenthalt in Paris (1933-1935) emigrierte sie mit ihrem Ehemann, dem Historiker Otto Hintze, kurz vor dem Ausbruch des Zweiten Weltkrieges in die Niederlande. Einem Ruf an die „New School for Social Research" (USA) konnte sie wegen der deutschen Besetzung der Niederlande nicht folgen. Nach dem Tod ihres Mannes 1940 und gescheiterten Einreiseversuchen in die USA, ohne finanziellen Rückhalt und ohne Hoffnungen schied sie 1942 in Utrecht aus dem Leben.

Der **Hedwig-Hintze-Frauenförderpreis** erinnert an eine Historikerin, deren Werk Themen der Verfassungsgeschichte der Französischen Revolution und sozialgeschichtliche Fragestellungen umfasst, und an eine engagierte linksliberale Demokratin, die sich für die internationale Verständigung einsetzte.

Mechthild Koreuber
Zentrale Frauenbeauftragte der Freien Universität Berlin

Abstract/Compte rendu

Abstract

On February 3rd, 1947, the former Concentration Camp Wardress Greta Bösel was sentenced to death by a British military court in the first of the Ravensbrück Trials. Through an analysis of the original court documents, the above work revisits Bösel's case, examining and analyzing it from a gender-sensitive perspective. After an introduction to the British prosecution of war criminals, the first half of the work confronts Bösel's testimony in court with those of prosecution witnesses and also with the findings of existing research on the Woman's Concentration Camp Ravenbrück. The second half of the work focuses on the strategies of the accused and her lawyers to both refute and re-direct the charges against her.

Greta Bösel pleaded not guilty and denied any accountability for the actions of which she was accused. Whereas the prosecution wanted to prove that her actions were particularly brutal and that she acted both in a self-contained manner and with full knowledge of the mode of recruitment for the gas chambers, she herself and her attorney tried to provide evidence of her innocence. The strategy of the prosecution was to demonstrate that Bösel had occupied an important position within the hierarchy of the camp by listing her among a number of high-ranking men who served in the SS. Culpability, thusly, corresponded to male gender stereotypes, against which Greta Bösel was measured. This claim of gender-deviant behavior is particularly evident in the fact that she was listed among the "brutal types of women" for whom the stereotypical image of the "Concentration Camp beasts" was created.

Greta Bösel and her defense attorney, in contrast, presented an image of a powerless, uninformed woman who thought only in charitable terms. Thusly, they equally employed categories of gender to limit and delimit possible rooms of maneuver and repertoires of action. That Bösel utilized previously used arguments for rejecting and refusing blame which had marked the Nürnberg Trails demonstrates, on the one hand, the universal character of these arguments, but also, on the other hand, how such arguments could be injected with gender stereotypes and thusly, in this case, be greatly reinvigorated.

Compte rendu

Greta Bösel, ancienne gardienne de camp de concentration, fut condamnée à mort le 3 février 1947 par un tribunal militaire britannique lors du premier procès de Ravensbrück.

Sur la base du dossier du procès, nous démontrerons son cas dans cette étude et l'analyserons dans une perspective qui tient compte de la catégorie « genre ». Après une introduction à la poursuite de criminels et criminelles de guerre en Grande Bretagne, nous opposerons les déclarations de Greta Bösel, dans la première partie principale, à celles des témoins à charge ainsi qu'aux résultats de la recherche actuelle sur le camp de concentration pour femmes à Ravensbrück. Les stratégies de disculpation de l'accusée et de son avocat et celles d'inculpation de la part de l'accusation seront au centre de la deuxième partie principale.

Greta Bösel clamait son innocence et déclinait la responsabilité pour les délits dont elle était accusée sur tous les points. Tandis que l'accusation cherchait à prouver que ses actions étaient particulièrement brutales, qu'elle avait agi de manière autonome et qu'elle était en pleine connaissance de la nature de la sélection pour les chambres à gaz, Greta Bösel et son avocat essayaient de prouver son innocence et son ignorance.

Une des stratégies de l'accusation était de prouver que Greta Bösel tenait une position importante au sein de la hiérarchie du camp en la classant parmi les hommes de la SS hauts de rang. Le crime principal correspondait dans ce cas à des stéréotypes de genre masculins auxquels Greta Bösel avait à se mesurer. Nous démontrerons que ceci menait à un reproche de déviance de rôle qui se traduisait entre autres par la caractérisation comme une des « brutal types of women », pour lesquelles on construisait l'image stéréotypée des « KZ-Bestien ».

Greta Bösel et son avocat dressaient cependant l'image de la femme sans pouvoirs, ignorante et caritative. Ainsi, ils utilisaient également la catégorie « genre » pour masquer ses marges d'action et ses délits réels.

I. Einleitung

Am 3. Februar 1947 erfuhr die im ersten Ravensbrück-Prozess angeklagte ehemalige KZ-Aufseherin Greta Bösel ihr Urteil: „Boesel, the finding of the court, is that you, Grete Boesel are guilty of the charge."[1] Die Strafe, „death by being hanged"[2], wurde am 2. Mai 1947 im Gefängnis von Hameln vollzogen.

Greta Bösel gehörte somit zu den verurteilten sogenannten Hauptkriegsverbrecherinnen und war eine von sieben angeklagten Frauen und elf angeklagten Männern im ersten Ravensbrück-Prozess, der in Hamburg von einem britischen Militärgericht durchgeführt wurde und zu den alliierten NS-Nachkriegsprozessen gehörte.[3]

Die Besonderheit des ersten Ravensbrück-Prozesses lag in der Tatsache begründet, dass auch Frauen angeklagt waren, verantwortlich für Misshandlungen und Morde zu sein, die im Frauenkonzentrationslager Ravensbrück und dem angegliederten, als Vernichtungslager genutzten, sogenannten „Mädchen-Konzentrationslager" Uckermark verübt wurden.[4] In dem zwei Monate vor dem ersten Ravensbrück-Prozess zu Ende gegangenen Nürnberger Prozess vor dem Internationalen Militär-Tribunal (IMT) saß keine Frau auf der Anklagebank. Das Bild dieses Prozesses war geprägt von einer männlichen Majorität, ob Angeklagte, Verteidiger, Richter oder anwesende Presse, Frauen waren nur vereinzelt anwesend und wurden lediglich als Übersetzerinnen und Stenographinnen wahrgenommen. Dieses Bild ist charakteristisch für die damals vorherrschende Auffassung, Krieg sei eine männliche Domäne, mit der Frauen nur gemäß ihrer zugeschriebenen Geschlechterrolle in Verbindung zu bringen seien, was sich bis heute nicht grundlegend verändert hat.[5] So wirkte die

---

1 WO 235/308, S. 160. Im Folgenden wird die Schreibweise *Greta Bösel* verwendet, ausschließlich in Zitaten werden andere Schreibweisen übernommen. Es ist anzunehmen, dass die Form *Grete Bösel* oder Grete Boesel auf die im Prozess verwendete Schreibweise zurückgeht und eine Tradierung innerhalb der Forschung erfuhr. Vgl. dazu Kretzer, Law, S. 132 oder Schwarz, Täterinnen, S. 218. Da in den für diese Arbeit vorliegenden Quellen an fünf Stellen die Unterschrift Greta Bösels zu finden ist und sie selbst immer die Schreibweise *Greta Bösel* verwendete, wird davon ausgegangen, dass dies die richtige Schreibweise darstellt. Vgl. WO 235/312, S. 109 und WO 235/310, S. 18, S. 19, S. 22 und S. 23.

2 WO 235/308, S. 172.

3 Im Curiohaus fanden mehrere britische Militärprozesse statt, darunter sieben Ravensbrück-Prozesse. Unter der Bezeichnung Curiohaus-Prozess wird in der Regel der Prozess gegen TäterInnen und Verantwortliche des Konzentrationslagers Neuengamme verstanden. Der Begriff Nachfolgeprozesse subsumiert hingegen die 12 Nürnberger Nachfolgeprozesse, durchgeführt in der amerikanischen Besatzungszone. Vgl. dazu Becker/Flechtheim/Friedrich/Hirsch/Kemper/Ulrich, Der Nürnberger Prozess, S. 99.

4 WO 235/305, S. 2 und vgl. dazu Kretzer, Law, S. 123-124.

5 An dieser Stelle sei an die vergleichsweise junge Diskussion um den Einlass von Frauen in die Bundeswehr erinnert. Vgl. dazu auch Eschebach, Frauenbilder, S. 110 und Eckes, Geschlechtsstereotype.

Tatsache, dass es neben Hauptkriegsverbrechern auch Hauptkriegsverbrecherinnen gab, irritierend.

1. Frauen im Nationalsozialismus

Dies spiegelt sich ebenfalls in den historischen Untersuchungen des Nationalsozialismus wider, die unmittelbar nach dem Zweiten Weltkrieg einsetzten. Die Historiographie beschäftigte sich nur wenig mit der Rolle der Frau im Dritten Reich. So wurden Frauen lange Zeit entweder gar nicht oder nur am Rande und vornehmlich bezüglich ihres Wahlverhaltens in die Betrachtungen einbezogen, was sich bis Anfang der 1970er Jahre nicht grundlegend veränderte.[6] Erst die Frauenforschung[7] begann, Frauen als handelnde Subjekte der Geschichte sichtbar zu machen und so gerieten auch Frauen im Nationalsozialismus ins Blickfeld der Forschung. SozialwissenschaftlerInnen und HistorikerInnen begannen in den 1970er Jahren mit der Eruierung der Rolle der Frau im Nationalsozialismus.[8]

Herkommer konstatiert drei Phasen für die bundesdeutsche Frauenforschung zum Nationalsozialismus. Die erste Phase, die sie bis zur Mitte der 1980er Jahre datiert, sei von einer Opferthese geprägt gewesen.[9] Herkommer stellt fest, dass in dieser Phase „eine Frauengeschichte geschrieben [wurde], die Frauen als Opfer des nationalsozialistischen Gewaltregimes sah und zugleich von jeder Verantwortung und Schuld für nationalsozialistische Verbrechen freisprach."[10] Erklärt wird dieses Vorgehen mit dem Wunsch, aus der jüngsten Vergangenheit eine neue Frauenidentität und -solidarität zu konstruieren.[11] Dabei konzentrierten sich jedoch die Historikerinnen vornehmlich auf das reaktionäre Frauenbild des Nationalsozialismus und den Ausschluss der Frauen aus dem NS-Machtsystem.[12] Das Thema *Frauen und Nationalsozialismus* sei demzufolge von einer Untersuchungsperspektive beherrscht worden, in der Frauen lediglich als Adressaten nationalsozialistischer Mutterschaftsideologie und als Objekte einer rassenhygienischen Bevölkerungspolitik auf-

---

6 Vgl. dazu Saldern von, Opfer, S. 97; vgl. auch Füllberg-Stollberg/Jung/Riebe/Scheitenberger, Einleitung, S. 8, Herkommer, Frauen, S. 12. Vgl. ebenfalls Fest, Gesicht.

7 Zur neuen Frauenbewegung und Entstehung der Frauenforschung vgl. Herkommer, Frauen, S. 9. Allgemein zur Entstehung und Entwicklung der Frauenbewegung siehe u.a. Hervé, Geschichte und Nave-Herz, Geschichte.

8 Vgl. dazu Livi, Scholtz-Klink, S. 22 und Herkommer, Frauen, S. 9-11. Allgemein zur Entwicklung feministischer Forschung siehe Thiessen, Feminismus und Becker-Schmidt/Knapp, Theorien.

9 Vgl. dazu Herkommer, Frauen, S. 9 und S. 12ff. Vgl. auch Füllberg-Stollberg/Jung/Riebe/ Scheitenberger, Einleitung, S. 8.

10 Herkommer, Frauen, S. 35.

11 Vgl. dazu Livi, Scholtz-Klink, S. 22 und Herkommer, Frauen, S. 35.

12 Livi, Scholtz-Klink, S. 22-23 und Herkommer, Frauen, S. 35.

traten.[13] Jedoch wurden auch die Frauen genuin zu den Opfern gezählt, so die Kritik von Livi und Herkommer, die nicht aus rassistischen, politischen oder religiösen Gründen zu den Verfolgten des NS-Regimes gehörten. Zurückgeführt wurde dies auf die als extrem bezeichneten patriarchalen Strukturen des Nationalsozialismus, ohne auf die Beteiligung von Frauen am nationalsozialistischen Macht- und Verfolgungssystem einzugehen.[14]

Zur Erforschung sowohl der Opfer des Nationalsozialismus als auch der NS-Täterschaft blieb die Kategorie Geschlecht als erkenntnisleitende Fragestellung bis weit in die 1980er Jahre hinein in der Geschichtswissenschaft vernachlässigt.[15] Dies änderte sich Mitte der 1980er Jahre, in denen Herkommer auch die zweite Phase der Frauenforschung zum Nationalsozialismus beginnen lässt. In dieser Phase bildete sich eine neue Tendenz heraus, nun wurde verstärkt nach der Täterschaf von Frauen im nationalsozialistischen System gefragt.[16] Mit der Betrachtung der NS-Täterschaft von Frauen gingen eine zunehmende Etablierung der Frauenforschung im wissenschaftlichen System und eine kontroverse Debatte einher, die leider hauptsächlich innerhalb der Frauenforschung geführt wurde.[17] Seit 1992 etablierte sich die Subsumierung dieser Debatte unter der Bezeichnung „Historikerinnenstreit". In diesem Streit standen vornehmlich die Frage nach der Schuld nichtjüdischer Frauen im Nationalsozialismus und die Kritik der differenztheoretisch ausgerichteten Frauenforschung an gleichheitstheoretischen Ansätzen im Mittelpunkt.[18] Im Laufe dieser Debatte setzte Ende der 1980er Jahre Herkommer zufolge die dritte Phase der wissenschaftlichen Untersuchung von Frauen im Nationalsozialismus ein, die in weiten Teilen bis heute andauert.[19] Die Erkenntnis um die Rollenvielfalt auch von Frauen im Nationalsozialismus ermöglichte Herangehensweisen, die jenseits einer Opfer-Täterinnen-Dichotomie verliefen.

Lanwerd und Stoehr kritisieren diese dreiphasige Periodisierung Herkommers und werfen ihr vor allem eine verfälschende Negativeinschätzung der ersten Phase vor. Vielmehr betonen sie, dass bereits in den 1970ern von Wissenschaftlerinnen auf vielfältige Differenzen zwischen Frauen im Nationalsozialismus hingewiesen wurde und dass die Fragestellungen und Forschungsfelder durchaus vielseitiger gewesen

---

13 Weigel, Bilder, S. 199-200.
14 Herkommer, Frauen S. 9 und Livi, Scholtz-Klink, S. 22.
15 Füllberg-Stollberg/Jung/Riebe/Scheitenberger, Einleitung, S. 4. Zum Gender-Konzept vgl. Gildemeister, Doing-Gender, S. 132ff.
16 Herkommer, Frauen, S. 9-10 und S. 38-39.
17 Vgl. dazu Heike, Notwendigkeit, S. 4 und Herkommer, Frauen, S. 9-10.
18 Vgl. dazu Herkommer, Frauen, S. 49-50, WerkstattGeschichte, Heft 12, S. 7 und Livi, Scholtz-Klink, S. 24-27. Dieser Begriff, von Gisela Bock geprägt, steht seit dem für die langjährige Debatte um die Geschichte von Frauen im „Dritten Reich". Ausgelöst wurde diese Kontroverse durch Claudia Koonz Buch „Mothers in the Fatherland", auf das Gisela Bock mit einem Artikel in „Geschichte und Gesellschaft" reagierte. Siehe Bock, Frauen.
19 Vgl. dazu Herkommer, Frauen, S. 38ff.

seien, als von den KritikerInnen behauptet.[20] Das Desiderat, dass Frauen als Täterinnen im Nationalsozialismus erst Ende der 1980er Jahre von der Forschung ent-
deckt wurden und dass bis heute noch viele Aspekte unbeleuchtet blieben, wird
von ihnen für die erste Phase nicht benannt.[21]

Einzuräumen bleibt, dass der Frauenforschung in den 1970er-80er Jahren – auch
wenn die Herangehensweisen und Fragestellungen aus heutiger Sicht problematisch
sind – die Sensibilisierung der Geschichtswissenschaft für das Thema *Frauen und
Nationalsozialismus* gelang und so neue Wege zu einer interdisziplinären historischen
Analyse eröffnet wurden.[22]

Was sich allmählich innerhalb der Frauenforschung durchzusetzen scheint, nämlich, wie Gravenhorst es forderte, dass sich die Frauenforscherinnen die deutsche
nationalsozialistische Geschichte als ihr „negatives Eigentum" aneignen sollen und
dass damit die Erforschung der NS-Täterschaft von Frauen ins wissenschaftliche
Bewusstsein rücken möge, kann für die allgemeine Geschichtsforschung, namentlich für die „Täterforschung", nicht gelten.[23] Hilberg stellt zwar fest, dass die nationalsozialistische Vernichtungsmaschinerie, wo immer man auch den Trennungs-
strich der aktiven Teilnahme zu ziehen gedenkt, einen bemerkenswerten Quer-
schnitt der deutschen Bevölkerung aufweist, doch selbst in dieser Darstellung findet die NS-Täterschaft von Frauen nicht die erforderliche Beachtung.[24] Gudrun
Schwarz postulierte bereits Anfang der 90er in ihrem Aufsatz über die „verdräng-
ten Täterinnen", dass es an der Zeit sei, die Geschichte von Täterinnen, ihre Beteiligung am System der Diskriminierung, der Ghettoisierung, der Konzentrationslager und der Deportationen zu erforschen. Ebenfalls sei es an der Zeit, der Verantwortung der Frauen in den Büros der SS-Verwaltung nachzugehen.[25] Leider harren

---

20 Vgl. dazu Lanwerd/Stoehr, Frauen- und Geschlechterforschung, S. 22-24. So auch die Auffassung von Reese/Sachse, Frauenforschung. Ihre Literaturhinweise, die die Vielfältigkeit der
   Themen in den 1980er Jahren veranschaulichen sollen, entbehren aber auch die Auseinandersetzung mit den direkten Täterinnen des Nationalsozialismus. Vgl. dazu Reese/Sachse, Frauenforschung, S. 86.
21 Vgl. dazu Lanwerd/Stoehr, Frauen- und Geschlechterforschung, S. 25.
22 Vgl. dazu Livi, Scholtz-Klink, S. 23 und als Überblick zum Forschungsstand: Kundrus, Geschichte.
23 Vgl. dazu Gravenhorst, Nationalsozialismus.
24 Hilberg, Vernichtung, S. 1080. Vgl. auch die neuere Täterschaftsforschung, innerhalb derer die
   Rede von Tätern ist und ausschließlich die NS-Täterschaft von Männern gemeint ist. Offenkundig ist die Erforschung der NS-Täterschaft von Frauen immer noch ausschließlich innerhalb
   der Frauenforschung anzusiedeln. Wildt, Generation; Hilberg, Täter; Browning, Männer; Orth,
   Konzentrationslager-SS; Orth, System; Orth, Experten; Paul, Psychopathen; Welzer, Täter;
   Welzer, Wer waren die Täter? Auch Welzer verwendet mehrheitlich den Täter-Begriff und bezieht sich auf die NS-Täterforschung von Männern. An wenigen Stellen verwendet er den Terminus Täter und Täterinnen, dies erscheint aber relativ willkürlich und wird nicht konsequent
   angewandt.
25 Schwarz, Täterinnen, S. 197.

diese Themenkomplexe bis heute ihrer Bearbeitung. Zwar sind neue Beiträge entstanden und wichtige Aspekte konnten beleuchtet werden, doch noch immer fehlen Angaben über die Anzahl der innerhalb der SS beschäftigten Frauen, ihre Taten, ihre Handlungsspielräume und über das Ausmaß der direkten Verwicklungen von Frauen in die Verbrechen des Völkermordes.[26] Zudem lässt sich konstatieren, dass in den wenigen Studien, die das SS-Personal in den nationalsozialistischen Lagern thematisieren, eine geschlechterspezifische Betrachtung gänzlich fehlt.[27] Derartige Leerstellen sind u.a. einem fehlenden Bewusstsein geschuldet, dass auch Frauen als aktive Täterinnen in die Verbrechen des Nationalsozialismus involviert waren, und verdeutlichen die Notwendigkeit eines reflektierten Umgangs mit NS-Täterschaft, der sich gleichfalls in einem differenzierteren sprachlichen Ausdruck manifestieren sollte. Der in der allgemeinen Täterschaftsforschung, meist *Täterforschung* genannt, verwendete Begriff *Täter* wird nicht geschlechtsspezifisch reflektiert, obwohl sich die *Täterforschung* in der Regel der Erforschung der NS-Täterschaft von Männern widmet. Da die NS-Täterschaft von Frauen in der Regel im allgemeinen Täterschaftsdiskurs keine Berücksichtigung erfährt, ist auch der Terminus Täterschaft innerhalb der Forschung nicht als geschlechtsneutral verankert, sondern besitzt eine eindeutig männliche Konnotation. Im Folgenden soll der Terminus NS-Täterschaft als Summe der NS-Täterschaft von Männern und Frauen verstanden werden. Wird nicht allgemein von Täterschaft als geschlechtsneutralem Begriff gesprochen, sondern wird auf ein geschlechtsspezifisches Handlungskollektiv abgehoben, soll dies auch Ausdruck in der Formulierung finden.[28] Diese terminologische Differenzierung soll lediglich Bewusstsein schaffen. Es wird nicht davon ausgegangen, es gäbe eine natürliche geschlechtsspezifische Täterschaft. An dieser Stelle wird von der Konstruktion von Geschlecht ausgegangen, d.h., dass die Wahrnehmung geschlechtsspezifischen Verhaltens und geschlechtsspezifischer Rollen nicht auf natürlichen Konstitutionen, sondern auf kulturellen Zuschreibungen und der „sozialen Konstruktion von Geschlecht"[29] basieren, deren Prozesse jedoch in der Regel keine Reflektion erfahren.[30]

---

26 Schwarz, Täterinnen, S. 202. Zur einzelnen NS-Täterinnen sind u.a. folgende Beiträge erschienen: Heike, Langefeld; Livi, Scholtz-Klink; Schwartz, Selbstverständnis; Ebert/Eschebach, „Die Kommandeuse"; Mailänder Koslov, Lebenslauf; Przyrembel, Bann. Vgl. auch den Sammelband von Ebbinghaus, Opfer und die Artikel zu den Aufseherinnen Maria Mandl, Dorothea Binz, Margarete Mewes, Marianne Eßmann, in: Erpel, Gefolge.

27 Vgl. dazu Orth, Konzentrationslager-SS sowie Sofsky, Ordnung.

28 Im Folgenden wird von Tätern die Rede sein, wenn es sich um ein „männliches" Handlungskollektiv handelt, von Täterinnen, wenn ein „weibliches" Handlungskollektiv gemeint ist und von TäterInnen, wenn sowohl Männer als auch Frauen zu den Handelnden gehören. Täterschaft wird geschlechtsneutral verwendet. Ist die Täterschaft nicht geschlechtsneutral, so wird von NS-Täterschaft von Männern und von NS-Täterschaft von Frauen gesprochen.

29 Gildemeister, Doing-Gender, S. 132.

30 Vgl. dazu Wetterer, Konstruktion.

2. Forschungsstand zu den Ravensbrück-Prozessen und Quellenlage

Der Fall Greta Bösels repräsentiert in zweierlei Hinsicht ein Forschungsdesiderat. Zum einen erfuhr außer dem Nürnberger Prozess kein NS-Prozess eine ähnlich nachhaltige wissenschaftliche und öffentliche Aufmerksamkeit, zum zweiten handelt es sich hier um einen Fall der ebenfalls noch unzulänglich untersuchten NS-Täterschaft von Frauen.[31]

Eine Übersicht über die Ravensbrück-Prozesse liefern Hanna Elling, Ursula Krause-Schmitt und Simone Erpel in ihren Artikeln, jedoch fehlen bisher gründliche und methodengelenkte Untersuchungen oder Analysen und Einordnungen einzelner und aller Ravensbrück-Prozesse.[32] Anette Kretzer untersucht in ihrem Artikel „His or her special job" die Darstellung weiblicher Täterschaft im ersten Ravensbrück-Prozess und bezieht auch die Berichterstattung in ihre Untersuchung mit ein. Doch auch sie widmet sich in erster Linie den Täterinnen, die schon während des Prozesses im Mittelpunkt standen.[33] In ihrem Artikel „She who violates the law of war…" untersucht Kretzer den ersten Ravensbrück-Prozess hinsichtlich der Funktion der Kategorie Geschlecht bzw. „Weiblichkeit" im kriegspolitischen, strafrechtlichen und gesellschaftlichen NS-Verbrechensdiskurs.[34] Die Arbeiten Claudia Taakes und Julia Duesterbergs untersuchen den ersten Ravensbrück-Prozess mit unterschiedlichen Schwerpunkten.[35] Während Taake in ihrem Beitrag mehrere Nachkriegsprozesse und Angeklagte analysiert, um dann eine vergleichende Perspektive einzunehmen, fragt Duesterberg nach stereotypen Täterschaftsbildern sowohl in-

---

31 Der Nürnberger Prozess fand vom 20. November 1945 bis zum 1. Oktober 1946 statt und der erste Ravensbrück-Prozess folgte sehr schnell vom 5. Dezember 1946 bis zum 3. Februar 1947. Zum Nürnberger Prozess siehe u.a. Telford, Nürnberger Prozesse und Weinke, Verfolgung.

32 Vgl. dazu Erpel, Ravensbrück-Prozesse, S. 114 und Elling/Krause-Schmitt, Ravensbrück-Prozesse. In dem Artikel von Elling/Krause-Schmitt, auf den sich auch Erpel bezieht, handelt es sich um insgesamt sieben Ravensbrück-Prozesse. Erpel spricht in ihrem Artikel von fünf Folgeprozessen, ohne näher darauf einzugehen. Vermutlich waren es insgesamt sechs einzelne Folgeprozesse, wobei der fünfte wahrscheinlich eine Unterteilung erfuhr. Daher wird in vorliegender Arbeit ohne Anspruch auf Richtigkeit von sieben Ravensbrück-Prozessen die Rede sein. Mit Spannung können die Arbeiten von Anette Kretzer „NS-Täterschaft und Geschlecht: Der erste britische Ravensbrück-Prozess 1946/47 in Hamburg" und von Johannes Schwartz „Handlungsräume und Verhaltensweisen von SS-Aufseherinnen. Das Bewachungspersonal des Frauen-Konzentrationslagers Ravensbrück und des KZ-Außenlagers Neubrandenburg" (Arbeitstitel) erwartet werden.

33 Kretzer, Job. Nur an wenigen Stellen findet der Fall Greta Bösel Erwähnung, eine umfassende Darstellung ihres Falls auf Grundlage der Prozessakten liegt noch nicht vor.

34 Vgl. dazu Kretzer, Law, S. 124-125.

35 Vgl. dazu Duesterberg, Umkehr. Zu einzelnen Angeklagten in NS-Prozessen erschienen immer wieder Veröffentlichungen. So sorgte der Fall der ebenfalls im ersten Ravensbrück-Prozess angeklagten Carmen Mory nicht nur unter Zeitgenossen für Aufsehen, er wurde auch Gegenstand einzelner Beiträge. Vgl. dazu beispielsweise den Roman: Hartmann, Frau oder auch die Untersuchung: Abbati, Carmen Mory.

nerhalb des Prozesses als auch in der Berichterstattung zum Verfahren. Auch in diesen Untersuchungen findet der Fall Greta Bösel keine Beachtung und soll in vorliegender Arbeit erstmals eingehend untersucht werden.

HistorikerInnen sind in der Erforschung der NS-Täterschaft von Frauen mit dem Problem der unzureichenden Quellenlage konfrontiert. Im Fall Greta Bösels sehen wir uns indessen einer bisher noch unbeachteten, aber ansehnlichen Quellenbasis in Form der Prozessakten gegenüber. Greta Bösel arbeitete als Aufseherin im Frauenkonzentrationslager Ravensbrück, welches das größte Frauenkonzentrationslager im „Deutschen Reich" war. Es fungierte als Ausbildungsstätte von SS-Aufseherinnen[36] und bietet sich daher zur Erforschung der Rolle von Frauen innerhalb der SS an. Wie bei den meisten nationalsozialistischen Konzentrationslager zutreffend, wurden fast alle Unterlagen des Frauenkonzentrationslagers Ravensbrück durch die SS vor der Befreiung des Lagers vernichtet.[37] So stellen die Gerichtsprotokolle der Ravensbrück-Prozesse eine entscheidende Quelle dar, nähere Kenntnisse über die NS-Täterschaft von Frauen und die Wahrnehmung ihrer Täterschaft zu gewinnen.

Der Strafrechtler Herbert Jäger sieht den Erkenntniswert solcher Prozesse gerade darin, dass sie Geschichte individualisiert darstellen, d.h. jenen Punkt markieren, in dem sich die Weltgeschichte mit einer persönlichen Lebensgeschichte trifft und historische und individuelle Kausalität, Zeitgeschichte und Kriminologie zu einer Einheit verschmelzen.[38] Darüber hinaus dokumentieren vorliegende Prozessunterlagen die zeitgenössische Bewertung der NS-Täterschaft von Frauen.

Klar ist, dass das Ziel eines Strafprozesses die Aufdeckung und Ahndung von Verbrechen darstellt und weniger darin liegt, Geschichtsforschung zu betreiben. Dennoch werden auf dem langen Weg der Ermittlungen und Untersuchungen eine Fülle an Feststellungen und Erkenntnissen gewonnen, überprüft und festgeschrieben, die für die historische Forschung unersetzlich sind, so auch in den NS-Prozessen.[39] Das Vorgehen der Anklage und der Verteidigung sowie die Anklage- und Verteidigungsschriften sind immer interessengeleitet, sie sollen beschuldigen oder verteidigen und müssen im Kontext der Gesamtverhandlung gesehen werden. Entsprechend der unterschiedlichen Intentionen werden und wurden auch im ersten Ravensbrück-Prozess Täterschaftsbilder reproduziert und produziert, die im

---

36 Die SS-Aufseherinnen gehörten zum sogenannten „weiblichen SS-Gefolge", was eine Hilfskonstruktion darstellte, da Frauen offiziell nicht zur SS gehören konnten. Vgl. dazu auch in dieser Arbeit: III. 3.2.
37 Vgl. dazu Herzog/Strebel, Frauenkonzentrationslager, S. 13.
38 Vgl. dazu Scheffler, NS-Prozesse, S. 14-15.
39 Vgl. dazu Scheffler, NS-Prozesse, S. 16.

gesellschaftlichen Kontext und – in diesem Fall – im Kontext des frühen Täterschaftsdiskurses anzusiedeln sind.[40]

Als Grundlage meiner Untersuchung dienen die Prozessakten zum Fall Greta Bösel und nur in wenigen Fällen werden die Ermittlungsakten einbezogen. Hierbei steht die Mitschrift des Verhörs Greta Bösels im ersten Ravensbrück-Prozess ebenso im Vordergrund wie die unterschriebenen Protokolle der Vernehmungen aus der Untersuchungshaft. Diese fanden als Beweisstücke Einlass in den Prozess und gehören demzufolge zu den Prozessakten. Die Mitschrift der Verhöre der Belastungszeuginnen spielt gleichfalls eine wichtige Rolle in der vorliegenden Untersuchung, genauso wie die Anklageschrift und die Plädoyers von Greta Bösels Anwalt, dem Hauptankläger Steward und dem Judge Advocate Stirling.[41]

Die Originalakten befinden sich heute vor allem im britischen Public Record Office (PRO) in Kew bei London.[42] Das PRO verwahrt Akten der britischen Zentralregierung und der ihr angegliederten bzw. unterstellten Behörden. Wichtig für die Fragen nach den nationalsozialistischen Verbrechen sind hier vor allem die Bestandsgruppen des War Office (WO), in dieser Gruppe befinden sich auch die Akten zum Fall Greta Bösel.[43] Die wichtigsten Akten im PRO zu den nationalsozialistischen Verbrechen in Deutschland befinden sich in den Akten des Judge Advocate General's Office (JAG) und der diesem Amt untergeordneten Stellen. Dies betrifft auch die Akten des Falls Bösel. Das JAG ist das Amt des obersten britischen Militärjuristen, das seit 1905 Teil des WO war. Hier liefen alle Fragen nach den von

---

40 Vgl. dazu Paul, Psychopathen. Er unterscheidet fünf sich teilweise überlappende Phasen innerhalb der Täterschaftsforschung bis in die Gegenwart. Sie sind gekennzeichnet durch unterschiedliche wissenschaftliche Akzentsetzungen, Methoden und Täterschaftsbilder und unterliegen darüber hinaus auch einer spezifischen politisch-kulturellen Umgangsform mit den TäterInnen der Shoah. Der Fall Greta Bösel ist in die erste Phase zu datieren. Paul betitelt diese als frühen Täterdiskurs, was im Folgenden früher Täterschaftsdiskurs genannt werden soll. Auch er spricht lediglich von Tätern und stellt fest, dass die Angst der deutschen NS-Forschung, sich mit den Tätern des Nationalsozialismus auseinanderzusetzen, mit der Angst zusammenhängt, auch mehr über die Rolle der Väter bei der Shoah zu erfahren. Die Rolle der Mütter findet keine Erwähnung. Vgl. dazu Paul, Psychopathen, S. 15ff.

41 Der Judge Advocate war ein rechtlicher Beistand in britischen Militärprozessen. In II wird näher auf diese Rolle eingegangen.

Vorliegende Arbeit basiert auf den erworbenen Reproduktionen einzelner Bestände aus dem PRO zu den Ravensbrück-Prozessen der Mahn- und Gedenkstätte Ravensbrück, die mir freundlicher Weise den Einblick und Zugriff auf die Akten gewährte. Die Zitierweise der Seitenzahlen, basiert auf den Seitenzahlangaben, die in der MGR nachträglich hinzugefügt wurden und die oberen Zahlen in der rechten Ecke betreffen. Die vorliegenden Quellen liegen leider in einer unedierten Form vor. Es konnte nicht auf Namensregister oder Inhaltsangaben zurückgegriffen werden, dafür aber auf ein, zwar nicht ganz vollständiges, aber in diesem Fall die Arbeit sehr erleichterndes Repertorium der MGR, das für den ersten Ravensbrück-Prozess von Christa Schikkora erstellt wurde.

42 Kaienburg, Militärgerichtsprozesse, S. 57.

43 Schulze, Picture, S. 110.

den Achsenmächten begangenen Kriegsverbrechen und Verbrechen gegen die Menschlichkeit zusammen.[44] Der größte Teil dieser Akten bezieht sich auf Einzelfälle, in denen die Investigation Teams ermittelten. Diese wurden in der unmittelbaren Nachkriegszeit auf britischer Seite eingesetzt, um Ermittlungen wegen Kriegsverbrechen und Verbrechen gegen die Menschlichkeit im besetzten Deutschland durchzuführen. Dieser Bestand stellt die Ermittlungsakten dar, von denen ca. 10% Fragen des allgemeinen Vorgehens („policy" bzw. „procedure") beinhalten. Die Signatur der Ermittlungsakten lautet WO 309 und die für vorliegenden Fall interessanteren Prozessakten tragen die Signatur WO 235.

3.   Fragestellung und Gliederung

Die vorliegende Untersuchung geht der Frage nach, wie die Täterschaft Greta Bösels dargestellt und bewertet wurde. Wie sich in der Berichterstattung zum ersten Ravensbrück-Prozess ablesen lässt, stellte die Anklage gegen Hauptkriegsverbrecherinnen eine Besonderheit dar, die, wenn nicht verstörend, dann doch ungewohnt und sogar faszinierend gewirkt haben muss. So standen die weiblichen Angeklagten ganz deutlich im Mittelpunkt des öffentlichen Interesses.[45]
Doch nicht nur die Öffentlichkeit reagierte „irritiert" auf dieses „Phänomen" der NS-Täterschaft von Frauen, auch innerhalb der Gerichte kam es zu Deutungsproblemen. So stellt Kretzer in ihrer Untersuchung fest, dass die Frage nach den Motiven der weiblichen Angeklagten nicht selten anhand von putativen spezifisch weiblichen Wesenszügen beleuchtet wurde. Das „Charakterbild" der Frau erfuhr in Verhandlungen eine ausführliche Erläuterung und Betonung und eine Psychologisierung der Täterinnen wurde in wesentlich intensiverem Umfang vorgenommen, als es häufig bei Tätern der Fall war.[46] Es soll demzufolge die Frage gestellt werden, welche Täterschaftsbilder sowohl bei der Beschuldung als auch bei der Entschuldung von Greta Bösels Täterschaft produziert wurden und ob die Kategorie Geschlecht[47] bei der allgemeinen Einordnung ihrer Täterschaft eine wesentliche Rolle spielte. Es muss davon ausgegangen werden, dass die Täterschaftsbilder des frühen Täterschaftsdiskurses für den ersten Ravensbrück-Prozess prägend waren und somit auch Einfluss auf die Bewertung Greta Bösels Täterschaft hatten.
Ein entscheidendes Charakteristikum des frühen Täterschaftsdiskurses stellten Gerhard Paul zufolge die Bemühungen der deutschen Gesellschaft dar, Distanz zur

---

44 Vgl. hierzu Schulze, Picture, S. 111.
45 Vgl. dazu Kretzer, Law, S. 133 ff. und Job, S. 135ff und S. 141 ff. sowie Duesterberg, Umkehr, S. 236.
46 Heike, KZ-Aufseherinnen, S. 92 und Kretzer, Job, S. 143.
47 Hier wird immer von dem sozial konstruierten Geschlecht ausgegangen. In diesem Fall wird nach dem sozial konstruierten „weiblichen" Geschlecht gefragt. An einigen Stellen wird der Deutlichkeit halber auch von der Kategorie „Weiblichkeit" die Rede sein.

Shoah und den Tätern[48] durch eine „Exterritorialisierung" zu gewinnen. Die Politik und die frühe Forschung der Nachkriegszeit umgingen das Phänomen der Täterschaft, sowohl in West- als auch in Ostdeutschland.[49] Innerhalb des sehr früh einsetzenden Prozesses der „Abstrahierung und Entwirklichung"[50] der Vergangenheit in der deutschen Gesellschaft und in wissenschaftlichen Kreisen, der lange keine Veränderung erfuhr, erschienen die TäterInnen lediglich als nebulöse und unwirkliche Gestalten. Die Geschichte wurde gewissermaßen ihres Personals und ihrer Orte beraubt.[51] Gleichfalls setzte eine Synonymfindung für die Shoah ein. Mit Pathos konnte über „den Terror", „die Katastrophe" gesprochen werden, die Auseinandersetzung mit den Taten selbst, ihren Orten oder gar mit den TäterInnen und den Opfern stellte hingegen ein Tabu dar, was sprachlich seinen Niederschlag fand.[52] Im Rahmen der „Lösung der Kriegsverbrecherfrage" blieb der Täterschaftskomplex natürlich nicht unerwähnt, jedoch schien es unmöglich, an der Wohlanständigkeit deutscher Offiziere und Polizeibeamter zu zweifeln. Es schien völlig undenkbar, die NachbarInnen, KollegInnen oder Familienangehörige mit den Verbrechen in Bezug zu bringen.[53] Diese Verbrechen sollten, wenn möglich, unbenannt und täterInnenlos bleiben, bis auf wenige, wohl definierte Ausnahmen.

In diesem Kontext prägte der Nürnberger Kriegsverbrecherprozess den deutschen Umgang mit den NS-TäterInnen entscheidend mit, indem die Verantwortung für die Verbrechen im Großen und Ganzen der Gestapo und der SS zugeschrieben und demzufolge die Möglichkeit geschaffen wurde, eine institutionelle Isolierung der Verbrechen vorzunehmen, die mit klaren Täterschaftsbildern verbunden war. Dieser sehr frühe Verarbeitungsdiskurs hatte weitreichende, bis in die Gegenwart nachwirkende Konsequenzen für das kollektive Gedächtnis der Bundesrepublik.[54]

Das NachkriegstäterInnenprofil des frühen Täterschaftsdiskurses war geprägt durch kursierende Gruselgeschichten, in denen die nationalsozialistischen TäterInnen in eine dämonische Verkleidung gesteckt wurden und als TeufelInnen in Men-

---

48 Paul bezieht sich lediglich auf Täter, Täterinnen finden keine Beachtung. Es ist anzunehmen, dass die NS-Verbrechen in der Wahrnehmung der direkten Nachkriegsgesellschaft, wie auch lange Zeit innerhalb des wissenschaftlichen Diskurses, in der Regel Tätern zugesprochen wurden. Umso interessanter gestaltet sich die Frage, wie mit einer NS-Täterin umgegangen wurde und welche Erklärungsansätze zur Erörterung ihrer Schuld Anwendung fanden.
49 Paul, Psychopathen, S. 16.
50 Paul, Psychopathen, S. 16.
51 Paul, Psychopathen, S. 16 und vgl. auch Assmann, Schatten, S. 173ff.
52 Vgl. dazu Paul, Psychopathen, S. 16.
53 Vgl. Paul, Psychopathen, S. 16 und die Diskussion um die erste Wehrmachtsausstellung „Vernichtungskrieg. Verbrechen der Wehrmacht 1941-1944". Die Wehrmacht wurde im Nürnberger Prozess vor dem IMT nicht als „verbrecherische Organisation" eingestuft, was auch Einfluss auf die Diskussion um die Wehrmachtsausstellung gehabt haben dürfte.
54 Paul, Psychopathen, S. 17 und vgl. dazu Assmann, A., Schatten; Assmann, A., Erinnerungsräume; Assmann, J., Gedächtnis und Wenk/Eschebach, Gedächtnis.

schengestalt auftraten.[55] In der direkten Nachkriegsphase wurden die Täter(Innen) nicht nur kriminalisiert, sondern zu exzeptionellen Charakteren pathologisiert. Auf diese Weise setzte sich das Bild des sadistischen oder psychopathischen NS-Massenmörder(In)s durch.[56] Entscheidend mitgeprägt wurde das Täterschaftsbild dieser ersten Phase des Täterschaftsdiskurses durch das von Eugen Kogon bereits 1945 verfasste Buch „Der SS-Staat".[57] Kogon zeichnet in seinem Werk ein Täterschaftsbild der verkrachten Existenzen ohne charakterliche oder fachliche Vorbildung, aus denen, auch unter anderen Umständen, nichts anderes geworden wäre. Die Gestapo und die Lager-SS seien somit ein Sammelbecken für sozial deklassierte Primitive gewesen. Auch die „Intellektuellen" innerhalb der SS waren laut Kogon überwiegend Studienabbrecher.[58] Diese Männer seien zerfressen gewesen von Minderwertigkeitskomplexen und hätten mit der deutschen Gesellschaft nicht das Geringste zu tun gehabt. Kogons Typisierung der NS-Täter prägte lange Zeit die kollektive Wahrnehmung der deutschen Bevölkerung.[59] Dieses Bild setzte sich bis zum Eichmann-Prozess fort, wurde dann jedoch zerstört, als Adolf Eichmann als unscheinbarer Mann auftrat. Dass er einer der wichtigsten Täter der Shoah sein sollte, war kaum zu glauben. Mit Hannah Arendts Reaktion und ihrem spektakulären Diktum von der „Banalität des Bösen" war das dämonisch entrückte Bild von NS-Täter(Inne)n gründlich in Frage gestellt.[60]

Diese Vorgaben und produzierten Täterschaftsbilder gestatteten großen Bevölkerungsteilen, Selbstentschuldung und Selbstentlastung forciert zu betreiben.[61] Die frühen Vorstellungen über die TäterInnen fügten sich zudem in ein kulturell übergeordnetes Opferbewusstsein ein, innerhalb dessen die Tat bildlos blieb und die Verbrechen unbenannt, wodurch die Distanzierung noch nachhaltiger funktionieren konnte.[62] Dadurch, dass die nationalsozialistischen Verbrechen mit der SS gleichgesetzt werden konnten, erschien diese als diabolisierter Hort des Abnormen, wodurch ermöglicht wurde, die Taten samt den TäterInnen aus der Gesellschaft hinauszuinterpretieren.[63]

Es etablierten sich in der direkten Nachkriegsphase nicht nur Täterschaftsbilder zur Beschuldung von NS-Täterschaft, auch setzten sich, massiv durch den Nürnberger Prozess vor dem Internationalen Militär-Tribunal mitgeprägt, konstruierte Täter-

---

55 Wildt, Generation, S. 14-16. Auch Wildt differenziert den Täter(schafts)begriff leider nicht.
56 Vgl. dazu Wildt, Generation, S. 14.
57 Kogon, SS-Staat. Vgl. dazu Paul, Psychopathen, S. 19 und Wildt, Generation, S. 16.
58 Vgl. dazu Wildt, Generation, S. 14-15 und Kogon, SS-Staat, S. 290-291.
59 Vgl. dazu Paul, Psychopathen, S. 19; Kogon, SS-Staat, S. 34ff. Auch Kogon bezieht seinen Täter(schafts)begriff lediglich auf die NS-Täterschaft von Männern.
60 Vgl. dazu Wildt, Generation, S. 16-17 und Arendt, Eichmann.
61 Paul, Psychopathen, S. 16-17.
62 Vgl. dazu Paul, Psychopathen, S. 16.
63 Vgl. dazu Paul, Psychopathen, S. 17.

schaftsbilder zur Entschuldung von NS-Täterschaft durch. So fand das Argument der Unwissenheit weite Verbreitung und wurde durch alle Ränge und Positionen hindurch angewandt.[64] Der Verweis auf die bloße Befehlsausführung wurde oftmals mit der Darstellung der Wahllosigkeit und Hilflosigkeit verbunden. Man habe sich unterordnen müssen und habe daher keine Befugnisse und keine Verantwortung gehabt, sei lediglich „ein Rädchen im Getriebe" gewesen.[65] Die Illustration der eigenen bedrohlichen Situation stellte den Druck und die Gefahr in den Mittelpunkt und ermöglichte die Gründung des eigenen Opferstatus.[66] Pflichtbewusstsein und Tugend waren gleichfalls beliebte Entschuldungsargumente. Demzufolge wurde eine gewissenhafte Durchführung der Befehle gewährleistet, woraus sich die eigene Tugendhaftigkeit ableiten ließ.[67] Die Konstruktion des eigenen Opferstatus wurde von vielen Angeklagten in NS-Prozessen mit dem Bild des Betrogenseins transportiert.[68] Parallel dazu etablierte sich in der deutschen Nachkriegsgesellschaft das Bild des „verführten Volkes" zur Entschuldung und zur Schuldabwehr.[69] Die Verantwortung für die eigenen Taten wurde in der Regel von angeklagten NS-KriegsverbrecherInnen nicht übernommen, vielmehr war man das Opfer des NS-Regimes, der Kriegsverhältnisse und letztlich auch der Siegerjustiz.

In vorliegender Untersuchung steht die Frage der Darstellung und Bewertung der Hauptkriegsverbrecherin Greta Bösel im Mittelpunkt. Fand das Täterschaftsprofil des frühen Täterschaftsdiskurses bei der Darstellung und Beurteilung der NS-Täterschaft von Frauen Anwendung und spielte bei der Rekonstruktion von Greta Bösels „Schuld" und „Unschuld" die Instrumentalisierung geschlechtsspezifischer Stereotype eine entscheidende Rolle?[70]

---

64 Vgl. dazu Reichel, Vergangenheitsbewältigung, S. 51 und vgl. dazu auch Kolbe, Eichmanns, S. 75.

65 Vgl. dazu Arendt, Verantwortung, S. 82ff.; Schwarz, Täterinnen, S. 202 und Browning, Männer, S. 107.

66 Vgl. dazu Paul, Psychopathen, S. 18.

67 Vgl. dazu Reichel, Vergangenheitsbewältigung, S. 52.

68 Vgl. dazu Reichel, Vergangenheitsbewältigung, S. 52-55, 67; Bartlitz, Ganoven, 68-69 und Beiträge zur Geschichte der nationalsozialistischen Verfolgung in Norddeutschland, Bd. 3/ 1997, S. 7-9.

69 Vgl. dazu Assmann, Schatten, S. 173.

70 Stereotype sind Zuschreibungen mit überwiegend emotionalem Gehalt und bedingen Werturteile und Haltungen. Sie basieren in der Regel auf unhinterfragten Tradierungen, die sich schwer verändern lassen. Sie können eine positive und negative Färbung aufweisen und helfen komplexe Zusammenhänge und demzufolge auch das Handeln zu vereinfachen. Geschlechtsstereotype schreiben Personen auf Grund ihrer erkennbaren Geschlechtszugehörigkeit bestimmte Eigenschaften und Verhaltensweisen zu. Diese Zuschreibungen werden sehr früh im Sozialisationsprozess erworben, da die soziale Umwelt, wie Untersuchungen zeigen, auf Jungen und Mädchen sehr unterschiedlich reagiert. Sie beeinflussen daher unsere Wahrnehmung meist unbewusst und sind folglich in Lernprozessen nur schwer zu verändern. Vgl. dazu Schaff, Stereotype, S. 31ff.; Hagemann-White, Sozialisation; http://www.genderkompetenz.info/gendermainstreaming/grundlagen/stereotype/.

Es muss davon ausgegangen werden, dass die Darstellung der Taten Greta Bösels im ersten Ravensbrück-Prozess lediglich eine Differenzierung in zwei polare Argumentationsstränge erfuhr. So lag es im Interesse der Anklage, die Schuld aufzuzeigen und nachzuweisen, und im Interesse der Verteidigung, die Unschuld zu belegen. Vermutlich wurde ein Negativbild der Angeklagten durch die Anklage und ein Positivbild der Angeklagten durch die Verteidigung konstruiert. Die gegensätzlichen Intentionen eines Strafverfahrens, die sich in der Verteidigung und der Anklage und somit in einer Beschuldungs- und einer Entschuldungsstrategie manifestieren, fordern eine zunächst separate Betrachtung der unterschiedlichen Absichten, die sich in der Struktur der Arbeit widerspiegeln wird.

Es soll, angewandt auf Greta Bösels Fall, die These überprüft werden, ob bei der Beurteilung der Täterschaft von Hauptkriegsverbrecherinnen ein Rollendevianzvorwurf[71] als zusätzlicher informeller Anklagepunkt hinzukam und sich in den Beschuldungsstrategien widerspiegelte. Ebenso steht die Untersuchung der Entschuldungsstrategien der Verteidigung im Mittelpunkt. Nutzten Greta Bösel und ihr Anwalt zur Entschuldung ihrer Täterschaft gängige Entschuldungsstrategien von NS-Täterschaft und wurde dabei instrumentalisierend die Kategorie „Weiblichkeit" eingesetzt?

Es wird davon ausgegangen, dass die NS-Täterschaft von Frauen im frühen Täterschaftsdiskurs höchstwahrscheinlich ähnlichen Bewertungsmustern und stereotypen Täterschaftsbildern unterlag wie die NS-Täterschaft von Männern, es jedoch vermutlich zu einer Ausformung bzw. Extremisierung angewandter Täterschaftsbilder im Kontext des frühen Täterschaftsdiskurses kam.

Die vorliegende Arbeit gliedert sich in zwei Hauptteile und einen einführenden Teil. Bevor im zweiten Hauptteil, dem IV. Kapitel, nach der Bewertung von Greta Bösels Täterschaft und den verwandten Täterschaftsbildern der Be- als auch Entschuldungsstrategien gefragt werden kann, soll im ersten Hauptteil, dem III. Kapitel, deskriptiv dargelegt werden, wie die Darstellung ihres Falls im ersten Ravensbrück-Prozess ausfiel. Dies erscheint notwendig, um einzelne Be- und Entschuldungsargumente und damit auch die übergeordneten Be- und Entschuldungsstrate-

---

71 Diese These geht davon aus, dass den angeklagten Frauen zusätzlich vorgeworfen wurde, die ihnen geschlechtsstereotyp zugeordneten Rollen verlassen zu haben und somit ein geschlechtsdeviantes Verhalten aufzuweisen. Dabei wird davon ausgegangen, dass der seit Ende des 18. Jahrhunderts vorherrschenden Vorstellung gefolgt wurde, die natürliche Rolle der Frau sei die der Ehefrau oder Mutter, verbunden mit den zugeschriebenen „natürlichen Wesensmerkmalen" wie Zärtlichkeit, Anmut, Emotionalität, Passivität, Opferbereitschaft und die Annahme, die Frau sei dem Mann geistig unterlegen. Während die Rolle des Mannes innerhalb der öffentliche Sphäre verortet wurde, schrieb man der Frau als klassischen Handlungsraum die private Sphäre zu. Auch wenn derartige Geschlechtsstereotype und die mit ihnen verbundenen Rollenzuweisungen eine Modifizierung erfuhren, so kann dennoch davon ausgegangen werden, dass die Verbindung von Frau und Militär als klare Rollenüberschreitung wahrgenommen worden ist. Vgl. dazu Herkommer, Frauen, S. 16, 23 und Becker-Schmidt/Knapp, Theorien, S. 23, 41-43.

gien in den Verlauf des gesamten Prozesses einordnen zu können. Die erörterten Themen und Fragestellungen innerhalb des Prozesses gliedern das III. Kapitel. Methodisch untergliedert sich jeder Themenabschnitt des III. Kapitels in zwei Teile. Ausgehend von Greta Bösels Darstellung, die jeweils im ersten Teil dargelegt wird, werden im zweiten Teil jedes Themenabschnittes Greta Bösels Ausführungen in den Kontext der Lagergeschichte und -entwicklung gestellt und mit den Kenntnissen aus der Forschung als auch mit den Zeuginnenaussagen verglichen. Ist dies erfolgt, sind die Aussagen in den Kontext der Wissenschaft gestellt und gegebenenfalls einer Verifizierung oder Falsifizierung unterzogen worden, können die verfolgten Intentionen und Strategien im IV. Abschnitt in den Mittelpunkt treten.

Die Aussagen der vorliegenden Quelle müssen nicht nur im Kontext des gesamten ersten Ravensbrück-Prozesses und des frühen Täterschaftsdiskurses betrachtet werden, sie müssen gleichfalls in den historischen Kontext des Prozesses gebettet werden. Mit dem Nürnberger Prozess und den folgenden alliierten NS-Prozessen wurde juristisch Neuland betreten. Die daraus resultierenden Probleme und Forderungen werden nicht nur bei der Analyse des folgenden Falls und der abschließenden Bewertung Beachtung finden, sie sind auch entscheidend für das allgemeine Verständnis.

Daher wird im folgenden Kapitel auf die historischen und politischen Bedingungen des Prozesses eingegangen und sowohl der Verlauf als auch das Zustandekommen des Prozesses einleitend dargelegt.

II. Eine Hauptkriegsverbrecherin wird angeklagt – Greta Bösel und die alliierte Verfolgung von NS-Verbrechen

1. Die alliierte Verfolgung von NS-Verbrechen

Bereits während des Zweiten Weltkrieges beschlossen die Kriegsgegner Deutschlands das begangene Unrecht zu ahnden.[72] So inaugurierten 17 Staaten am 20. Oktober 1943 in London die „United Nations War Crimes Commission" (UNWCC). Die Sowjetunion sah von einem Beitritt ab, entschied sich jedoch zur Kooperation mit diesem Verbund.[73] Hauptaufgabe der UNWCC war es vorerst, Beweismaterialien über Kriegsverbrechen zu sammeln und zu sichten.[74] Am 30. Oktober 1943 folgte die Unterzeichung der „Moskauer Deklaration" „über deutsche Grausamkeiten im besetzten Europa" durch Großbritannien, die Sowjetunion und die USA. Darin erklärten sie, die Verantwortlichen der begangenen Grausamkeiten vor Gericht zu stellen. Diese sollten in die Länder zurückgeschickt werden, in denen sie die Verbrechen verübt hatten und dort nach geltendem Recht verurteilt werden.[75] Die Taten der Hauptkriegsverbrecher, die nicht mehr geographisch lokalisiert werden konnten, sollten nach einer gemeinsamen Entscheidung der Regierungen der Alliierten bestraft werden. Die Deklaration zielte im Wesentlichen auf die Verfolgung von Massakern in den besetzten Gebieten ab, die auch im Zentrum der öffentlichen Aufmerksamkeit standen. Die in den Konzentrationslagern begangenen Verbrechen standen 1943 noch nicht im Vordergrund.[76] Am 8. August 1945 unterschrieben die vier Siegermächte USA, UdSSR, Großbritannien und Frankreich das Londoner-Abkommen, mit dem die Moskauer Erklärung bestätigt und erweitert wurde. Somit wurde die Verfolgung und Bestrafung der Hauptkriegsverbrechen festgeschrieben und die Tatbestände „Verbrechen gegen die Menschlichkeit" und „Verbrechen gegen den Frieden" in das Völkerrecht eingeführt.[77] Diesem Abkommen wurde als Anlage das Statut über die Zuständigkeit, die Verfahrensgrundsätze und die Zusammensetzung eines zu bildenden internationalen Gerichtshofs, des Internationalen Militär-Tribunals (IMT), beigefügt. Mit dem IMT wurde völkerrechtliches Neuland beschritten, da erstmals in der Ge-

---

72 Vgl. dazu Ueberschär, Nationalsozialismus, S. 9 und Cramer, Farce, S. 202.
73 Vgl. dazu Bessmann/Buggeln, Befehlsgeber, S. 524; Paech, Versprechen, S. 15 und Kettenacker, Behandlung, S. 17. Es waren folgende Staaten, die diese Erklärung ratifizierten: Australien, Belgien, Kanada, China, Frankreich, Griechenland, Holland, Indien, Jugoslawien, Luxemburg, Neuseeland, Norwegen, Polen, Südafrika, Tschechoslowakei, das Vereinigte Königreich von Großbritannien und Nordirland und die Vereinigten Staaten von Amerika.
74 Bessmann/Buggeln, Befehlsgeber, S. 534 und Paech, Versprechen, S. 15.
75 Vgl. dazu Heigl, Nürnberger Prozesse, S. 10 und Bessmann/Buggeln, Befehlsgeber, S. 524.
76 Bessmann/Buggeln, Befehlsgeber, S. 524 und vgl. dazu Kettenacker, Behandlung, S. 22.
77 Vgl. dazu Heigl, Nürnberger Prozesse, S. 10-11.

schichte vier Staaten unterschiedlicher Verfassung und Struktur einen internationalen Gerichtshof einberiefen, der über Verbrechen gegen den Frieden und gegen die Menschlichkeit zu verhandeln hatte. Erschwerend kam hinzu, dass die Taten der Nazis ohne Beispiel waren.[78] Erstmals sollten politische Entscheidungsträger und Institutionen juristisch zur Verantwortung gezogen werden. Vier Tatbestände wurden festgelegt und zur Grundlage der Anklageerhebung gemacht: Verbrechen gegen den Frieden, Kriegsverbrechen, Verbrechen gegen die Menschlichkeit und Zugehörigkeit zu gewissen Kategorien von Verbrechensvereinigungen oder Organisationen, deren verbrecherischer Charakter vom Internationalen Militärgerichtshof festgestellt wurde.[79]

Die Richter des Internationalen Militärgerichtshofs (IMT) in Nürnberg erklärten am 30. September/1. Oktober 1946 die SS zu einer „verbrecherischen Organisation". Dieses Urteil galt für alle Dienststellen, Abteilungen, Dienstgruppen, Organe, Zweigstellen, Verbände, Gliederungen und Gruppen, aus denen die SS zu irgendeiner Zeit bestanden hatte oder die ihr zu irgendeiner Zeit angehört hatten.[80] Die Verteidiger der SS schätzten den angeklagten Kreis der SS-Personen auf mehrere Millionen Menschen.[81] Diese setzten sich überwiegend aus männlichen Mitgliedern zusammen, jedoch gehörten zu ihnen auch Mitarbeiterinnen des „weiblichen SS-Gefolges", so der offizielle Terminus der SS.[82]

Nachdem der Nürnberger Prozess vom 14. November 1945 bis 1. Oktober 1946 abgehalten worden war, folgten keine gemeinsamen Prozesse mehr, da die Verhärtung der Fronten im beginnenden „Kalten Krieg" eine Fortsetzung der gemeinsamen Strafverfolgung von NS-Verbrechen verhinderte.[83]

Dennoch hatte der Nürnberger Prozess weitreichende Wirkungen. Zum einen wurde das Bewusstsein für Kriegsverbrechen und Verbrechen gegen die Menschlichkeit in der Öffentlichkeit gestärkt, zum anderen wurde mit den „Nürnberger-Prinzipien" neues Völkerrecht gesetzt.[84] Darüber hinaus stellte der Prozess auch die Weichen für den Umgang der deutschen Nachkriegsgesellschaft mit ihren TäterInnen und den NS-Verbrechen. Dabei gab der Nürnberger-Kriegsverbrecher-Prozess entscheidende Vorgaben für den Umgang mit der NS-Täterschaft, indem er lediglich die Geheime Staatspolizei und die SS als „verbrecherische Organisationen" einstufte. So gelang es der Ordnungspolizei, Kriminalpolizei und Wehrmacht,

---

78 Vgl. hierzu Paech, Versprechen, S. 13.
79 Heigl, Nürnberger Prozesse, S. 11 und Wember, Umerziehung, S. 26-27.
80 Vgl. Schwarz, Täterinnen, S. 198.
81 Schwarz, Täterinnen, S. 198. Sie zitiert aus IMT Band 7, S. 470.
82 Schwarz, Täterinnen, S. 198.
83 Vgl. hierzu Kaienburg, Militärgerichtsprozesse, S. 56; Bessmann/Buggeln, Befehlsgeber, S. 525 und vgl. Steinbach, Nürnberger Prozess, S. 32.
84 Ueberschär, Nationalsozialismus, S. 11 und Perels, Chancen.

sich der Schuldzone zu entziehen.[85] Gleichzeitig gelang es, einen tiefen Graben zwischen den durch den Nürnberger Prozess ermittelten Verantwortlichen und Schuldigen und der „normalen, unschuldigen" deutschen Gesellschaft zu ziehen.[86] So begegnete der Hauptankläger des Nürnberger Prozesses, Jackson, dem Schauprozessvorwurf mit folgenden Worten und leistete somit den Opfermythen der deutschen Nachkriegsgesellschaft Vorschub: „Wir möchten ausdrücklich klarstellen, dass wir nicht beabsichtigen, das ganze deutsche Volk zu beschuldigen. Wir wissen, dass die Nazi-Partei bei der Wahl nicht mit Stimmenmehrheit an die Macht gelangt ist. Wir wissen, dass ein unseliges Bündnis sie an die Macht gebracht hat (...)."[87]

Der Nürnberger Prozess kann keinesfalls als unumstritten gelten. Neben dem Schauprozessvorwurf hoben Kritiker besonders hervor, dass die Alliierten sowohl für diesen Prozess als auch für die folgenden keinerlei Zuständigkeit gehabt hätten und dass die Tatbestände erst nachträglich als strafbar deklariert wurden und somit gegen das Rückwirkungsverbot („nulla poena sine lege") verstoßen wurde. Hinzu kam der Vorwurf der „Siegerjustiz".[88]

Bei all den Kontroversen und zum Teil noch immer ungeklärten Fragen kann festgehalten werden, dass innerhalb des Nürnberger Prozesses Täterschaftsbilder produziert wurden, die nicht nur den zeitgenössischen Umgang mit den NS-TäterInnen bedeutend prägten und wesentlich zur Bewertung von NS-Täterschaft beitrugen, sondern auch eine nachhaltige Wirkung auf den deutschen Täterschaftsdiskurs hatten. Anstelle internationaler Militär-Tribunale, ähnlich dem Nürnberger Prozess, arrangierten viele in den Krieg involvierte Staaten eigene Gerichtsverfahren auf der Grundlage des Kontrollratgesetzes Nr. 10 vom 20. Dezember 1945 „über die Bestrafung von Personen, die sich Kriegsverbrechen, Verbrechen gegen Frieden oder gegen Menschlichkeit schuldig gemacht haben". Auch die Besatzungsmächte schufen in den jeweiligen Zonen Militärgerichte zur Aburteilung von Kriegsverbrechen.[89] Kriegsverbrechen, die gegen Deutsche verübt wurden, fanden vor diesen Gerichten allerdings keine Ahndung, sondern wurden an deutsche Gerichte weiter gegeben. Die NS-Prozesse vor deutschen Gerichten, folgten erst später.[90]

---

85 Paul, Psychopathen, S. 17 und vgl. dazu Steinbach, Nürnberger Prozess, S. 41-42.
86 Vgl. dazu Paul, Psychopathen, S. 16-17.
87 Zitiert nach Reichel, Vergangenheitsbewältigung, S. 49f.
88 Ueberschär, Nationalsozialismus, S. 11 und vgl. auch Reichel, Vergangenheitsbewältigung, S. 45.
89 Zitiert nach Heigl, Nürnberger Prozesse, S. 11; vgl. hierzu Kaienburg, Militärgerichtsprozesse, S. 56; Bessmann/Buggeln, Befehlsgeber S. 525 und Rückerl, NS-Verbrechen, S. 95-96.
90 Bessmann/Buggeln, Befehlsgeber, S. 525; Kaienburg, Militärgerichtsprozesse, S. 61; Heike, KZ-Aufseherinnen, S. 89 und Ueberschär, Nationalsozialismus, S. 10.

2. Die britische Verfolgung von KriegsverbrecherInnen

Das Ausmaß der nationalsozialistischen Vernichtungspolitik sprengte den Rahmen konventionell definierter Kriegsverbrechen. Während jedoch insbesondere die - amerikanischen Militärgerichte versuchten, durch die Entwicklung innovativer Rechtsinstrumente, wie der Einführung der Tatbestände „Verbrechen gegen die Menschlichkeit" und „Verbrechen gegen den Frieden", auf dieses Problem einzugehen, hielten die britischen Gerichte am Rückwirkungsverbot fest.[91] Dementsprechend enthielt die Anklage bei den britischen Nachkriegsprozessen ausschließlich den Tatbestand der *war crimes*, wie sie etwa in der Haager Landkriegsordnung von 1907, der Genfer Konvention von 1927 oder im gängigen britischen Militärstrafrecht festgehalten waren.[92] Britische Gerichte nahmen damit bewusst in Kauf, ganz im Gegenteil zum IMT in Nürnberg, dass nur die nach 1939, also mit dem Kriegseintritt Großbritanniens, begangenen und nur gegen alliierte Staatsangehörige verübten Verbrechen verhandelt werden konnten, was in der Verfahrensgrundlage der britischen Militärgerichtsprozesse, in der königlichen Order *(Royal Warrant)* „Regulations for the Trials of War Criminals" vom 14. Juni 1945 festgelegt wurde.[93] In der *Special Ordinance No. 47* vom 30. August 1946 delegierte die britische Regierung die Verfolgung von Verbrechen gegen die Menschlichkeit, die von Deutschen an Deutschen oder staatenlosen Personen begangen worden waren, gemäß der internationalen Abkommen, an deutsche Gerichte. Für die britischen Verfahren galten aber weiterhin die im Royal Warrant festgelegten Bestimmungen, so dass Verbrechen des Lagerpersonals der Konzentrationslager an Personen, die keine Staatsbürger der alliierten Nationen waren, vor britischen Gerichten keine Ahndung erfuhren.[94] Demzufolge ist im ersten Ravensbrück-Prozess ausschließlich die Rede von Verbrechen gegen Angehörige der alliierten Nationen.

Die Verfolgung von KriegsverbrecherInnen gestaltete sich äußerst schwierig. Zwar sollte mit Gründung der UNWCC eine Kommission entstehen, die Kriegsverbrechen dokumentieren und TäterInnen identifizieren sollte, jedoch stellte sich schnell heraus, dass die Bemühungen der UNWCC durch mangelnde Kooperationsbereitschaft alliierter Regierungen konterkariert wurden. Hinzu kam das Problem, dass ehemalige Häftlinge, sofern sie ausfindig gemacht werden konnten und in der Lage waren, Aussagen zu machen, häufig nicht sagen konnten, welche Personen die besagten Verbrechen begangen hatten.[95]

---

91 Vgl. dazu Cramer, S. 203 und Bessmann/Buggeln, S. 525.
92 Vgl. dazu Cramer, S. 203.
93 Vgl. hierzu Kaienburg, S. 56; Cramer, Farce, S. 203 und Bessmann/Buggeln, Befehlsgeber, S. 524-525.
94 Bessmann/Buggeln, Befehlsgeber, S. 525.
95 Das SS-Personal wechselte beständig und hinzu kam, dass in der Regel das SS-Personal nicht beim Namen genannt wurde. Vgl. Heike, Bewachung, 227.

Die Strafverfolgung des SS-Personals gestaltete sich für das Frauenkonzentrationslager Ravensbrück als besonders kompliziert, da sich bei der Befreiung nur noch wenige, kranke Häftlinge im Lager befanden. Der Rest der Häftlinge und das SS-Personal waren bereits auf dem sogenannten „Todesmarsch". Während die Häftlinge vor dem SS-Personal flüchteten, flüchtete das SS-Personal vor der Roten Armee.[96] Das festgenommene SS-Personal wurde von der britischen Armee fotografiert und diese Fotos wurden den Zeugen vorgelegt, was dazu führte, dass vornehmlich die SS-Männer und Frauen belastet wurden, die zur Zeit der Befreiung des Lagers noch anwesend waren.[97] Die auf der Flucht Befindlichen konnten sich in vielen Fällen einer Anklage entziehen.[98] Erschwerend kam hinzu, dass die Verhaftung mutmaßlicher KriegsverbrecherInnen in der britischen Besatzungszone nicht sonderlich gut vorbereitet war. Zwar wurden im April 1945 „war crimes investigation teams" eingesetzt, allerdings nur drei solcher Teams, die aus jeweils vier Personen bestanden und hoffnungslos überfordert waren. Trotzdem kam es bis Juni 1946 zu etlichen Verhaftungen. Greta Bösel wurde als potentielle Kriegsverbrecherin mit weiteren 4.044 mutmaßlichen KriegsverbrecherInnen inhaftiert. Ihre erste Station war das britische Internierungslager (Civilian Internment Camp, CIC) No. 5 Paderborn-Staumühle.[99]

Insgesamt gab es zehn britische Internierungslager, in denen von 1945 bis 1949 insgesamt 90.614 Personen inhaftiert waren, davon wurden über 71.000 Personen bereits im ersten Nachkriegsjahr interniert.[100] Die meisten dieser Gefangenen fielen unter die Kategorie „Automatic Arrest", einige waren als „Security Suspects" eingestuft und knapp über 4.000 Personen saßen als mutmaßliche KriegsverbrecherInnen in Haft. Viele der Personen, die unter den „automatischen Arrest" fielen, wurden in ihrer Heimatstadt, nicht selten zu Hause, verhaftet.[101]

---

96 Herzog/Strebel, Frauenkonzentrationslager, S. 24.

97 Diese Praxis geht auf eine Lockerung der üblichen britischen Verfahrensregeln zurück, um ein geeignetes Instrument für die Ahndung von NS-Verbrechen zu erhalten. Diese Lockerung sah u.a. eine Ausdehnung der möglichen Beweismittel auf beeidigte Zeugenaussagen (affidavits) vor, die die Identifizierung der Täter und Täterinnen per Foto zuließ. Vgl. hierzu Cramer, Farce, S. 203-204.

98 Vgl. hierzu Taake, SS-Frauen, S. 39.

99 Wember, Umerziehung, S. 28 und WO 235/310, S. 18. Das CIC Staumühle lag ca. 12 Kilometer entfernt von Paderborn und diente vermutlich vor der Gründung als Sammellager für Displaced Persons. Staumühle war mit einer Kapazität für 6.341 Personen das größte britische Internierungslager und das einzige, das länger ein Frauenlager besaß.

100 WO 235/310, S. 18 und Wember, Umerziehung, S. 31-32.

101 Wember, Umerziehung, S. 38-42. Welche Personen unter die automatische Arrestkategorie fielen, ist dem „Arrest Categories Handbook" zu entnehmen, auf das man sich beim „Supreme Headquarters Allied Expeditionary Force" (kurz SHAEF) einigte. Dieses Handbuch gab vor, welche Deutschen zu internieren waren. Darunter fielen auch alle SS-Helferinnen und SS-Kreishelferinnen. Diese Liste ist bei Wember, Umerziehung, S. 36-37 nachzulesen. „Security Suspects" wurden aus unterschiedlichen Gründen festgenommen, in der Regel, weil sie eine

Nach der Festnahme der Verdächtigen fand in den Internierungslagern als erstes die Erfassung statt, die „Screening" genannt wurde. Sie diente der Sammlung wichtigster Daten, so wurden die Gefangenen in der Regel fotografiert, man nahm ihre Fingerabdrücke, stellte ihre ausgeübten Funktionen während des Nationalsozialismus fest und sie wurden einer der Internierungskategorien zugeordnet. Das Screening beinhaltete aber noch kein Verhör und somit für die Gefangenen auch nicht die Möglichkeit, Anklagepunkte zu erfahren und Stellung zu nehmen.[102] Zwar bestand die Anweisung, Gefangene möglichst zügig zu verhören, da auch die Ahndung von Kriegsverbrechen möglichst schnell abgeschlossen sein sollte, doch warteten viele Internierte aufgrund des Personalmangels oftmals Monate auf eine Befragung.[103] Die Gefangenen in den britischen Internierungslagern sollten jedoch nicht nur auf ihren Prozess warten, ohnehin wurden die meisten ohne Anklageerhebung aus Beweismangel wieder entlassen. Sie sollten während dieser Haft auch „umerzogen" werden.[104]

Die erste eidliche Aussage Greta Bösels im Zuge einer Vernehmung wurde am 15. August 1946 im CIC No. 5 Paderborn aufgenommen. Am 30. Oktober 1946 wurde sie dann mit anderen Angeklagten des ersten Ravensbrück-Prozesses ins Hamburger Gefängnis Holstenglacis überstellt.[105] Dort machte sie eine zweite eidliche Aussage, die sie am 4. November 1946 unterschrieb. Diese beiden Aussagen gingen als Beweise in den Prozess ein und wurden mit der Signatur WO 235 versehen. Sie werden im Folgenden neben dem Verhör eine entscheidende Rolle bezüglich der Selbstdarstellung Greta Bösels spielen.[106]

3. Das Verfahren britischer Militärgerichte und der erste Ravensbrück-Prozess

Die britischen Behörden führten insgesamt sieben Ravensbrück-Prozesse durch, in denen 38 Personen angeklagt wurden, darunter 21 Frauen. Der erste Ravensbrück-Prozess wurde vom 5. Dezember 1946 bis zum 3. Februar 1947 im Hamburger Curio-Haus abgehalten. Angeklagt waren 18 Personen wegen Verübens von Kriegsverbrechen: „in Ravensbrück in the years 1939 to 1945, when members of the staff of Ravensbrück Concentration Camp, in violation of the laws and usages of war, [they] were concerned in the ill treatment and killing of Allied Nationals

---

mutmaßliche Gefahr für die Alliierten darstellten, diese Praxis barg eine erhöhte potentielle Willkür. Vgl. auch Reichel, Vergangenheitsbewältigung, S. 30-31.
102 Wember, Umerziehung, S. 102-103.
103 Wember, Umerziehung, S. 102 und Bloxham, Pragmatismus, S. 142.
104 Wember, Umerziehung, S. 67.
105 WO 309/1655, S. 10.
106 WO 235/310, S. 18-19 und WO 235/310, S. 22-23.

interned, therein."[107] Am ersten Verhandlungstag erklärte der Chefankläger Major Steward, dass die Angeklagten beschuldigt seien, gemeinschaftlich als „staff" des Frauenkonzentrationslagers Ravensbrücks Teil einer Verschwörung gewesen zu sein, die darauf ausgerichtet war, im Lager unmenschliche Bedingungen herzustellen und damit das Leiden und die Vernichtung der Gefangenen verursacht zu haben.[108] Die von den Einzelnen begangenen Misshandlungen und Morde wurden als Teil des gemeinschaftlichen Verbrechens gewertet. Zum Lagerpersonal wurden zum einen die offiziellen SS-Mitglieder gezählt, zum anderen Personal, das nicht der SS angehörte, womit der Kreis der Verschwörerinnen und Verschwörer erweitert wurde. Dies betraf insbesondere die ehemaligen Gefangenen, die auf der Anklagebank saßen, gleichzeitig entging man aber auch dem Problem, dass Frauen offiziell keine vollwertigen Angehörigen der SS waren.[109]

Der Oberscharführer Hans Pflaum und der letzte Kommandant des ehemaligen Frauenkonzentrationslager Ravensbrück, Fritz Suhren, waren angeklagt, konnten sich jedoch dem ersten Ravensbrück-Prozess durch eine geglückte Flucht entziehen. Beide wurden 1949 gefasst und der französischen Besatzungsbehörde übergeben. Sie wurden von einem französischen Militärgericht in Rastatt zum Tode verurteilt und am 12. Juni 1950 erschossen, daher wird im Folgenden nunmehr die Rede von 16 Angeklagten innerhalb des ersten Ravensbrück-Prozesses sein.[110]

Der Vorsitzende des Prozesses war Major General VJE Westropp, CBE. Den Posten des Juristischen Beirates (Deputy Judge Advocate) hatte C.L. Stirling inne. Im ersten Ravensbrück-Prozess wurden sechs Richter eingesetzt.[111] Ankläger in diesem Prozess waren Major Stewart, er hatte die Rolle des Chefanklägers inne, Captain J.W. da Cunha und Aline Chalafour. In der Regel waren die britischen Nachkriegsgerichte mit drei bis sechs Offizieren als Richter besetzt, von denen einer als Vorsitzender (President) agierte.[112] Der Judge Advocate hatte die Richter in allen Rechts- und Verfahrensfragen zu beraten und sollte bei der Beweisaufnahme und Beweiswürdigung helfen. Die Benennung des Judge Advocate wurde durch den Judge Advocate General in London vorgenommen, der für die Administration der Militärgerichtsbarkeit zuständig war. Der Judge Advocate nahm nicht an der Urteilsberatung teil, gab jedoch zuvor einen Überblick (Summing Up) über die

---

107 Vgl. dazu WO 235/305, S. 1-2.
108 Vgl. Kretzer, Job, S. 138.
109 Vgl. dazu Kretzer, Job, S. 138. Auf das sogenannte „weibliche SS-Gefolge" wird an anderer Stelle eingegangen. Die Ehemaligen Häftlinge, die ebenfalls auf der Anklagebank saßen, waren in der Regel sogenannte „Funktionshäftlinge". Vgl. dazu Diercks, KZ-Gedenkstätte.
110 Vgl. hierzu Arndt, Frauenkonzentrationslager, S. 133-134 und Heike, Bewachung, S. 221-239.
111 Vgl. hierzu WO 235/305, S. 3. Namentlich waren dies: Lieut-General J.A. Glendinning, Major D.S. Bowling-Smith, Captain R.E. Austin, Captain W.H. Scott, Major Kasimierz Olszewski (Polish Force) und Monsieur Henri de Bonnechose (Judge du Tribunal de Seine).
112 In der Literatur findet man die Angabe, dass es drei bis fünf seien, im ersten Ravensbrück-Prozess waren es jedoch sechs Richter, vgl. dazu u.a. Bessmann/Buggeln, Befehlsgeber, S. 528.

Rechts- und Beweislage.[113] In Verfahren von geringerer Bedeutung wurde häufig kein Judge Advocate eingesetzt, da man in diesen Fällen davon ausging, dass es ausreichend sei, wenn einer der Beisitzer oder der Präsident eine juristische Qualifikation besaßen.[114] Dem ersten Ravensbrück-Prozess wurde hingegen große Bedeutung beigemessen, was sich anhand des eingesetzten Personals ablesen lässt.[115] Sowohl die Richter als auch die Ankläger waren Mitglieder der britischen Armee. Die Gerichte besaßen nur eine Instanz und im ersten Ravensbrück-Prozess wurden als Verteidiger auch deutsche Anwälte zugelassen. Das Urteil musste durch einen höheren Offizier bestätigt werden, Einwände gegen das Bestätigungsverfahren wurden durch eine „Petition for Review" ermöglicht.[116]

Greta Bösel wurde von dem Pflichtverteidiger Dr. Alfred Beyer verteidigt, der gleichfalls die Verteidigung der ebenfalls angeklagten Oberaufseherin Binz übernahm.[117] Die Angeklagten wurden mit Nummern versehen, Greta Bösel erhielt die Nr. 7.[118] Es waren insgesamt 24 ZeugInnen der Anklage bestellt.[119]

Greta Bösel war eine von 240 Angeklagten vor britischen Militärgerichten, die die Todesstrafe erhielten.[120] Insgesamt belief sich die Zahl der britischen Militärgerichtsverfahren nach dem zweiten Weltkrieg auf ca. 358 Prozesse, in denen etwa 1.100 Personen angeklagt wurden, die sich wegen Beteiligung an Kriegsverbrechen in Europa verantworten mussten. Soweit Freiheitsstrafen verhängt wurden, setzte man diese häufig durch Gewährung der Gnadengesuche herab. Die letzten durch britische Militärgerichte in Haft befindlichen Deutschen wurden 1957 entlassen.[121] Weitere Verfahren vor britischen Militärgerichten betrafen vor allem Geschehnisse im Fernen Osten. Insgesamt wurden vor alliierten Gerichten der Westzone mehr als 4.000 Personen verurteilt, davon ca. 800 Menschen zum Tode, wobei etwa 500 Todesurteile vollzogen wurden.[122]

Die Durchführung und der Verlauf der Prozesse wurden von britischer Seite genau festgelegt. Keine Angeklagten sollten ohne Gerichtsverfahren bestraft oder hinge-

---

113 Vgl. dazu auch Kubetzky, Drütte-Prozess, S. 149.

114 Kaienburg, Militärgerichtsprozesse, S. 56 und vgl. hierzu auch Bessmann/Buggeln, Befehlsgeber, S. 528.

115 Vgl. dazu WO 235/305, S. 3ff.

116 Kaienburg, Militärgerichtsprozesse, S. 56.

117 Vgl dazu WO 235/305, S. 3-5. Weitere Pflichtverteidiger waren: Dr. Adolf Meyer-La Bastille für Ramdohr und Mewes, Dr. Günther Bruch für Binder und Schwarzhuber, Dr. Alfred Rucker von Klitzinger für Winkelmann, Dr. Richard Gädke für Peters und Hellinger, Dr. Otto Zippel für Mory, Dr. Walter Grimm für Skene. Als Die Privatverteidiger fungierten Dr. Harry Soll für Rosenthal und Dr. Vinassa für Treite.

118 Vgl. dazu WO 235/305, S. 7.

119 WO 309/1662.

120 Vgl. dazu WO 235/308, S. 160 und Wember, Umerziehung, S. 30.

121 Rückerl, NS-Verbrechen, S. 99.

122 Wember, Umerziehung, S. 30.

richtet werden und es sollten alle Verhandlungen öffentlich sein. Zunächst traten die Angeklagten kaum in Erscheinung, zu Beginn wurden sie lediglich gefragt, ob sie sich „schuldig" oder „unschuldig" erklärten. Greta Bösel erklärte sich unschuldig im Sinne der Anklage. Der gesamte Prozess wurde nach britischer Rechtstradition durchgeführt, was sich als schwierig erwies, da alle ZeugInnen, wie auch die Angeklagten, sofern sie zustimmten, unter Eid einem Kreuzverhör durch Vertreter beider Seiten unterzogen wurden. D.h., dass sowohl der Hauptankläger als auch alle Anwälte die Möglichkeit hatten, eine Befragung durchzuführen.[123]

Während dieser Prozesse standen die ZeugInnenaussagen im Vordergrund.[124] Die Angeklagten hatten während der Vernehmungen keine Möglichkeit, sich zu äußern, diese erhielten sie ausschließlich während des eigenen Kreuzverhörs, nach Beendigung der Beweisaufnahme der Anklage.[125] Greta Bösel wurde am 7. Januar 1947 von ihrem Anwalt Beyer wie auch von den Verteidigern Klitzing, Mätzler, Grimm, Meyer, Martin und durch den Hauptankläger Steward verhört.[126]

Vor Beginn der Verhöre wurden die Angeklagten durch den Judge Advocate über die Bedeutung eidlicher Aussagen aufgeklärt und im Anschluss gefragt, ob sie eine eidliche Zeugenaussage geben und ob sie eigene VerteidigungszeugInnen einbringen wollen. Greta Bösel erklärte sich bereit, einen Eid zu schwören, und gab an, dass sie keine ZeugInnen zur Verteidigung habe.[127]

Die Urteile britischer Militärgerichte besaßen eine zweiteilige Gliederung. Nach den Verhören hatte der Hauptankläger die Möglichkeit, das Abschlussplädoyer, und der Judge Advocate, das Summing Up zu verlesen. Der Hauptankläger Steward verlas sein Abschlussplädoyer, in dem er auf alle Angeklagten des ersten Ravensbrück-Prozesses einging, am 30. Januar 1947. Am 31. Januar verlas der Judge Advocate noch einmal die Anklagepunkte und hielt sein Summing Up. Es folgte die Verkündung der Urteile, woraufhin die Verteidiger die Möglichkeit hatten, Stellung zu nehmen. Im ersten Ravensbrück-Prozess verlas der Judge Advocate die Urteile am 3. Februar 1947, so erfuhr Bösel, dass sie für schuldig im Sinne der Anklage befunden wurde.[128] Ganz im Sinne der Verfahrensordnung verlas daraufhin der Verteidiger Bösels ein Plädoyer vor der Verkündung des Strafmaßes.[129] Noch am selben Tag erfuhr Greta Bösel ihr Urteil. Gemäß der britischen Verfahrensordnung wurden den Urteilen keine Urteilsbegründungen beigefügt, diese mussten an dem Strafmaß abgelesen werden.[130] Nach der Verkündung der Strafen erhielten die Ver-

---

123 Vgl. dazu Duesterberg, Umkehr, S. 231.
124 Vgl. hierzu Taake, SS-Frauen, S. 42-43.
125 Vgl. hierzu Taake, SS-Frauen, S. 43.
126 WO 235/306, S. 196-206.
127 WO 235/306, S. 86-87.
128 WO 235/308, S. 160.
129 WO 235/308 S. 162-164.
130 Vgl. dazu Cramer, Farce, S. 209.

teidiger die Möglichkeit, ihre Abschlussplädoyers zu halten und um mildernde Umstände zu bitten.[131]

Welche Themen und Fragestellungen in Bösels Verhör sowie in den Befragungen der BelastungszeugInnen erörtert wurden, wie die Darstellung ihrer Ausübung des Aufseherinnenberufs und die unterschiedlichen Deutungen ihrer Taten ausfielen, soll im folgenden Kapitel aufgezeigt werden.

---

131 Vgl. hierzu auch Taake, SS-Frauen, S. 43 und WO 235/310, S. 222-223.

III. Zur Täterschaft Greta Bösels: Darstellung und Prüfung der Aussagen

Dieser erste Hauptteil stellt den Fall Greta Bösel, wie er vor Gericht verhandelt wurde, dar. Die vor Gericht erörterten Inhalte gliedern dieses Kapitel in vier Themenabschnitte. Das methodische Vorgehen beinhaltet im ersten Teil die deskriptive Vorstellung der Quelle. Es folgen im zweiten Teil eines jeden Themenabschnittes Erläuterungen, Hintergründe und die Einordnung Greta Bösels Aussage. Es wird auf das Frauenkonzentrationslager Ravensbrück, die Rekrutierungsarten, die Lagerhierarchie, die Ausbildung von Aufseherinnen und die Strafpraxis eingegangen. Ebenfalls werden im zweiten Teil Greta Bösels Aussagen mit den Zeuginnenaussagen verglichen.

1. Das Frauenkonzentrationslager Ravensbrück – eine Arbeitsstelle für Aufseherinnen

1.1. Greta Bösel über den Beginn ihrer Arbeit und die Bedingungen im Lager

Greta Bösel wurde am 9. Mai 1908 in Elberfeld geboren und war ihren Angaben zufolge von Beruf Krankenpflegerin. Sie war verheiratet, jedoch starb ihr Mann während des Krieges.[132] Seit 1940 arbeitete sie bei der Firma Continental in Hannover.[133] Diese Firma beschäftigte auch „Ostarbeiter" und sogenannte „Fremdarbeiter", die u.a. aus Konzentrationslagern rekrutiert wurden.[134] Es sei eine gewisse Anzahl von Frauen aus dieser Firma ausgesucht und zur SS geschickt worden, um eine Ausbildung als Aufseherin zu erhalten, und sie sei eine gewesen, die für diese Ausbildung vorgesehen war.[135] Weiter gab sie an, kein Mitglied der NSDAP oder einer ihr untergeordneten Organisation gewesen zu sein, lediglich Mitglied der DAF und ein zahlendes Mitglied des Roten Kreuzes.[136]

Greta Bösel kam am 28. August 1944 in das Frauenkonzentrationslager Ravensbrück und begann ihre Arbeit als Aufseherin Mitte September 1944, an das genaue Datum konnte sie sich nicht erinnern.[137] Dort arbeitete sie bis Anfang Dezember 1944 und erkrankte, ihren eigenen Angaben zufolge, an Typhus, da damals eine Typhusepidemie im Lager geherrscht habe. Daraufhin sei es ihr erlaubt gewesen, einige Tage im Dezember im Bett zu verbringen, der Arzt Dr. Trommer sei jedoch nicht in der Lage gewesen die Art ihrer Erkrankung zu diagnostizieren. Erst nach

---

132 WO 235/306, S. 196.
133 WO 235/310, S. 18.
134 Vgl. dazu WO 235/310, S. 108 und WO 235/306, S. 196.
135 WO 235/310, S. 23.
136 WO 235/306, S. 197.
137 WO 235/306, S. 197.

einer energischen Intervention ihrerseits habe man ihre Krankheit ordentlich feststellen können und ihr erlaubt, sich ins Bett zu legen.[138] Nach ausdrücklichem Nachfragen des Judge Advocate gab sie an, vom 10. Januar bis zum 10. März 1945 krank gewesen zu sein. Einige Zeit habe sie in der Isolierstation des Krankenhauses verbracht, den Rest in ihrem Zimmer. Um den 10. März 1945 nahm sie demnach ihre Arbeit im Frauenkonzentrationslager Ravensbrück wieder auf und kam dieser bis zum 28. April 1945 nach. Daher könne sie auch nicht sagen, was sich innerhalb des Zeitraums ihrer Erkrankung im Lager abspielte.[139]

Greta Bösel berichtete in ihrer schriftlichen Aussage, dass die Bedingungen und die Unterkünfte im Frauenkonzentrationslager Ravensbrück bei ihrem Arbeitsantritt im September 1944 gut gewesen seien. So hätten anfänglich in der Regel zwei Menschen in einem Bett geschlafen. Als sie nach ihrer Krankheit ihren Dienst wieder antrat, habe sich der Zustand zunehmend verschlechtert. Es lebten ihren Angaben zufolge ungefähr 800 Menschen in einer Baracke, so dass sich mehrere Internierte ein Bett teilen mussten.[140] Bis zu ihrer Rückkehr sei die Anzahl der Häftlinge auf ca. 14.000 angestiegen. Man habe ein großes Zelt gebaut, um alle Häftlinge unterbringen zu können. Darüber hinaus seien viele der Internierten unterernährt gewesen.[141]

1.2 Entstehung und Entwicklung des Frauenkonzentrationslagers Ravensbrück

1.2.1 Entwicklungen des Lagers und des Arbeitseinsatzes der Häftlinge

Der Historiker Bernhard Strebel unterteilt die Geschichte des Frauenkonzentrationslagers Ravensbrück in vier Phasen, die, von einigen Ausnahmen abgesehen, analog zu der Geschichte der meisten Konzentrationslager verliefen.[142] Als Greta Bösel im August 1944 nach Ravensbrück kam, hatte bereits die vierte Phase begonnen, die die schlimmste im Frauenkonzentrationslager Ravensbrück war. Die gravierenden Einschnitte, die das Leben und den Alltag der inhaftierten Frauen, Männer und Kinder in Ravensbrück beeinflussten, basierten auf den veränderten Funktionszuweisungen für die Konzentrationslager im NS-Regime.[143]

---

138 WO 235/306, S. 206.
139 WO 235/306, S. 206, 207 und 197 und vgl. dazu WO 235/310, S. 23.
140 WO 235/310, S. 18.
141 WO 235/310, S. 22.
142 Distel, Frauen, S. 195-197 und vgl. hierzu Strebel, KZ, S. 23-25.
143 Strebel, KZ, S. 24-25, vgl. auch zur Geschichte der Konzentrationslager, Definitionen und Entwicklungen, Sofsky, Ordnung, S. 41-57; Wippermann, Konzentrationslager; Benz/Distel, Ort und Drobisch/Wieland, System.

Die Geschichte und damit die erste Phase des Frauenkonzentrationslagers Ravensbrück begann offiziell am 15. Mai 1939, da an diesem Tag die ersten weiblichen Häftlinge überstellt wurden.[144] Ravensbrück in Mecklenburg, in der Nähe von Fürstenberg an der Havel gelegen, 90 Kilometer nördlich von Berlin, war das größte Frauenkonzentrationslager im ehemaligen Reichsgebiet. Seine traurige Existenz dauerte fast sechs Jahre an, in denen weit über 100.000 weibliche Häftlinge aus mehr als 20 Ländern inhaftiert waren. Wie in vielen anderen Lagern auch, wurden die meisten Akten kurz vor der Befreiung durch SS-Angehörige vernichtet, so dass die Rekonstruktion der Geschichte des Frauenkonzentrationslagers Ravensbrück große Schwierigkeiten mit sich bringt und lückenlos nicht gelingen kann. Die in geringer Anzahl erhaltenen Lagerdokumente, die Aussagen ehemaliger Häftlinge und Angehöriger des SS-Personals in den Nachkriegsprozessen sowie die zahlreichen Berichte von Überlebenden helfen, der Geschichte des Frauenkonzentrationslagers Ravensbrück auf die Spur zu kommen.[145]

Die Entscheidung, ein, nach damaligen Begriffen, „modernes" Konzentrationslager speziell für Frauen nordöstlich der Stadt Fürstenberg zu errichten, fiel vermutlich Ende 1938.[146] Für die Erbauung des Frauenkonzentrationslagers Ravensbrück in der Gemeinde Ravensbrück, nach der das Konzentrationslager auch seinen Namen erhielt, sprachen verschiedene Gründe.[147] Zum einen war die Verkehrsanbindung gut, es bestand die Nähe zum Bahnhof Fürstenberg an der Bahnlinie Berlin-Neustrelitz und die günstige Straßenverbindung auf der Fernverkehrsstraße 96. Zum anderen lag das Gelände relativ abgeschieden am Schwedtsee, der das Lagergelände von den Wohnsiedlungen in Fürstenberg trennte. Im Nordosten wurde das Gelände durch ein großes Waldgebiet umschlossen und im Süden durch die Havel begrenzt.[148]

Bis 1940 umfasste das Lagergelände ca. ein Gebiet von 100 mal 200 Metern, welches umgeben von einer vier Meter hohen Mauer war. Innerhalb der Mauer befanden sich ein Holzbau mit Wasch- und Küchenanlagen und 16 Baracken, die von den Häftlingen „Blöcke" genannt wurden.[149] Zunächst war das Konzentrationslager für maximal 3.000 weibliche Häftlinge konzipiert, jedoch beinhaltete die Ausrichtung von Anfang an mögliche Erweiterungen. So befanden sich 1945 innerhalb der Lagermauer eine Kleiderkammer, eine Gerätekammer, eine Waschküche, eine

144 Vgl. Leo, Ravensbrück, S. 473. und Ebert/Eschebach, „Kommandeuse", S. 34, hier wird der 18. Mai 1939 als Tag der Überstellung der ersten Häftlinge genannt.
145 Vgl. Herzog/Strebel, Frauenkonzentrationslager, S. 13.
146 Vgl. Leo, Ravensbrück, S. 473. Zur Geschichte des Frauenkonzentrationslager Ravensbrück vgl. auch Morrison, Ravensbrück.
147 Vgl. dazu Arndt, Frauenkonzentrationslager, S. 132 und Leo, Ravensbrück, S. 473.
148 Vgl. hierzu Herzog/Strebel, Frauenkonzentrationslager, S. 14, Arndt, Frauenkonzentrationslager S. 132 und Leo, Ravensbrück, S. 473.
149 Leo, Ravensbrück, S. 475 und Buber-Neumann, Gefangene, S. 190 und WO 235/305, S. 130.

Verwaltungsbaracke, das Büro für die Arbeitseinsätze, die Effektenkammer, die Schreibstube der Oberaufseherin, eine Küche, ein Bad, eine Leichenkammer, eine SS-Küche, eine Kantine und 32 Wohnbaracken, darunter sieben Krankenblöcke und drei Baracken, in denen das Krankenrevier untergebracht war. Dieses Krankenrevier diente jedoch nicht der Behandlung von Häftlingen. Es diente z.b. im Zeitraum vom 1. August 1942 bis zum 16. August 1943 den grauenhaften experimentellen Testreihen, die an 74 Polinnen und 12 weiteren Frauen anderer Nationalitäten durchgeführt wurden.[150]

In Ravensbrück wurde schon früh die Arbeitskraft der Häftlinge für die Arbeit in Werkstätten und in der Landwirtschaft ausgenutzt.[151] 1940 wurde mit dem Aufbau des sogenannten Industriehofes begonnen, der im Laufe der Zeit ständig erweitert wurde und die SS-eigene „Gesellschaft für Textil- und Lederverwertung GmbH" (Texled) einschloss. Die Werkstätten der „Texled" bestanden aus einer Zuschneiderei, drei Schneidereien, einem Lager für Schneiderbedarfsartikel und Stoffe, einer Kürschnerei, einer Reparaturwerkstatt, einer Weberei und einer Strohschuhflechterei.[152] In der zweiten Hälfte des Jahres 1942 arbeiteten bei der „Texled" täglich 4.000 bis 5.000 Frauen. Darüber hinaus befanden sich Werkstätten der „Deutschen Ausrüstungswerke" (DAW) im Vorfeld des Lagers, in denen gleichfalls Häftlinge arbeiten mussten. In der Landwirtschaft wurden die weiblichen Häftlinge in einem SS-Unternehmen der „Deutschen Versuchsanstalt für Ernährung und Verpflegung GmbH" (DVA) zur Arbeit gezwungen und zusätzlich an private landwirtschaftliche Betriebe vermietet.[153]

Ab Mitte 1942, verstärkt ab 1943 änderte sich für die Häftlinge in Ravensbrück der Arbeitseinsatz bedeutend, da auch in Ravensbrück mit der erweiterten Rüstungsindustrie begonnen wurde. Es entstanden Fertigungsstätten der Firma Siemens & Halske, die direkt am Lager errichtet wurden und 1943 20 Fabrikhallen umfassten, in denen Häftlinge des Lagers arbeiten mussten.[154] Im Dezember 1944, als bereits 2.000 bis 3.000 Häftlinge bei Siemens & Halske arbeiteten, wurden direkt neben den Fertigungshallen sechs Wohnbaracken errichtet, das sogenannte „Siemenslager", um die Produktion effektiver zu gestalten. Ab 1943 setzte sich diese Variante der Zwangsarbeit durch, anstatt die Produktionsstätten direkt an die Lager zu bauen, wurden durch die SS sogenannte Außenlager in der Nähe von Rüstungsbetrie-

---

150 Arndt, Frauenkonzentrationslager, S. 137 und Herzog/Strebel, Frauenkonzentrationslager, S. 15.
151 Vgl. dazu Herzog/Strebel, Frauenkonzentrationslager, S. 7-8 und Leo, Ravensbrück, S. 484.
152 Leo, Ravensbrück, S. 484-485.
153 Herzog/Strebel, Frauenkonzentrationslager, S. 20.
154 Herzog/Strebel, Frauenkonzentrationslager, S. 20 und vgl. dazu Füllberg-Stollberg/Jung/ Riebe/Scheitenberger, Einleitung, S. 7-8.

ben errichtet. Das größte lag in Neubrandenburg, die „Mechanischen Werkstätten Neubrandenburg", in denen Flugzeuge hergestellt wurden.[155]

In der ersten Phase des Frauenkonzentrationslagers Ravensbrück war der Alltag der Häftlinge von absurder militärischer Ordnung und absoluter, grotesker Disziplin geprägt. Weiterhin gehörten willkürliche Schikane und Kontrolle seitens der SS-Aufseherinnen zum Alltag der inhaftierten Frauen.[156]

Die zweite Phase begann mit einem drastischen Einschnitt. Im Dezember 1941/Januar 1942 wurden die ersten Häftlinge selektiert und in der „Heil- und Pflegeanstalt" Bernburg vergast. Auch wenn die Vergasungen nicht in Ravensbrück stattfanden, bedeuteten die Selektionen fortan eine erhöhte und täglich präsente Gefahr für die Häftlinge. Von diesem Zeitpunkt an lebten neben den Angehörigen der „rassisch" verfolgten Gruppen – Jüdinnen, Sinti und Roma – auch ältere, kranke und schwache Frauen in höchster Gefahr.[157] Mehrheitlich fielen jedoch jüdische Häftlinge diesen Mordaktionen zum Opfer. Bis zu der Errichtung einer eigenen Gaskammer in Ravensbrück gelangten weitere sogenannte „schwarze Transporte" nach Majdanek, Auschwitz, Bernburg und Hartheim/Linz.[158]

Abermals veränderte sich die Situation für die Häftlinge im Frauenkonzentrationslager Ravensbrück ab Mitte 1942, verstärkt ab 1943, als sie vermehrt in der Rüstungsindustrie eingesetzt wurden. In dieser dritten Phase wurde Ravensbrück zunehmend zur Drehscheibe und zur Durchgangsstation der zahlreich neu errichteten Außenlager in der Nähe von Rüstungsbetrieben. Die Zahl der Häftlinge stieg in dieser Zeit, trotz hoher Fluktuation, sprunghaft an. In dieser Phase wurde der größte Teil der in Ravensbrück Inhaftierten eingeliefert, es waren ca. 70.000 Frauen.[159] Die Lebensbedingungen wurden immer schlechter und die Häftlinge mussten nun zusätzlich mit Selektionen für die Rüstungsproduktion rechnen. Gleichzeitig verstärkten sich die Vernichtungsaktionen, mit denen die SS die Zahl der „Arbeitsunfähigen" dezimieren wollte.[160]

Die letzte Phase bedeutete wohl den schwerwiegendsten Einschnitt für die Häftlinge. Sie begann Ende 1944 Anfang 1945 mit der Umfunktionierung eines Teils des sogenannten Jugendlagers Uckermark in ein zusätzliches Selektions- und Vernichtungslager sowie durch die Inbetriebnahme einer Gaskammer direkt hinter der Lagermauer, womit Ravensbrück zu einem unmittelbaren Vernichtungslager wurde.[161]

Die Häftlinge des Männerlagers, das 1941 neben dem Frauenlager errichtet wurde

---

155 Strebel, KZ, S. 20.
156 Leo, Ravensbrück, S. 483.
157 Strebel, KZ, S. 25.
158 Strebel, KZ, S. 21.
158 Distel, Frauen, S. 198.
159 Distel, Frauen, S. 198.
160 Strebel, KZ, S. 24-25.
161 Strebel, KZ, S. 25; vgl. dazu auch Arndt, Frauenkonzentrationslager, S. 154.

und dem Frauenlager unterstellt war, mussten im Sommer 1944 beginnen, direkt neben dem Krematorium in einer Holzbaracke eine Gaskammer zu errichten. [162] Vermutlich wurden dort im Januar 1945 die ersten weiblichen Häftlinge getötet.[163] Eine weitere Gaskammeranlage wurde im Februar/März 1945 jenseits der Lagermauer hinter dem Krankenrevier errichtet, kam jedoch nicht mehr zum Einsatz.[164] Das sogenannte „Jugendschutzlager" Uckermark befand sich hinter dem Konzentrationslager Ravensbrück und war diesem unterstellt. Bis 1945 wurden hier ca. 1.000 Mädchen inhaftiert, die nicht in das NS-Bild der „Volksgemeinschaft" passten. Diese Mädchen wurden als „Ausreißer" und „Asoziale" diffamiert, kriminalisiert und verfolgt.[165] Die Bezeichnung „Jugendschutzlager" ist der von den Nationalsozialisten verwendete Terminus. „Jugendschutzlager" stellten eine Kategorie innerhalb des perfiden Lagersystems im Nationalsozialismus dar, in denen nicht die Jugend geschützt werden sollte, sondern die Volksgemeinschaft vor den Inhaftierten.[166] In Berichten von Überlebenden des Frauenkonzentrationslagers Ravensbrück ist oft die Rede vom „Jugendlager Uckermark", dieser Begriff wurde von den Ravensbrückerinnen geprägt und bezeichnet das an diesem Ort in der letzten Phase errichtete Vernichtungslager.[167]

---

162 Vgl. Herzog/Strebel, Frauenkonzentrationslager, S. 15. Bis April 1945 wurden in dem Männerlager 20.000 männliche Häftlinge inhaftiert.

163 Strebel, KZ, S. 21. Das in Ravensbrück eine Gaskammer existierte, ist mittlerweile unumstritten, für den Beginn der Inbetriebnahme gibt es jedoch unterschiedliche Angaben. So geben die Autorinnen Germaine Tillion und Gerda Zörner an, dass im Dezember 1944 die ersten Frauen in dieser Gaskammer zu Tode kamen. Vgl. dazu auch Ebbinghaus, Opfer, S. 291-298 und Herzog/Strebel, Frauenkonzentrationslager, S. 26. Vgl. auch Philipp, Kalendarium.

164 Herzog/Strebel, S. 21.

165 Herzog/Strebel, Frauenkonzentrationslager, S. 20 und vgl. auch Ebert/Eschebach, „Kommandeuse", S. 34-35 und Jacobeit, Geschichte, S. 232.

166 Insgesamt gab es drei nationalsozialistische, sogenannte „Jugendschutzlager" und fünf Außenlager. Zu den drei Hauptlagern gehörten Moringen, für männliche Minderjährige, Uckermark, für weibliche Minderjährige, und Lodz, das sogenannte „Polen-Jugendverwahrlager" Litzmannstadt, für polnische Kinder und Jugendliche, in dem die Bedingungen Berichten zufolge noch schrecklicher gewesen sein sollen, als in den anderen. Näheres nachzulesen bei Merten/Limbächer, Geschichte, hier S. 19.

167 Vgl. dazu Limbächer/Merten/Pfefferle, Mädchenkonzentrationslager, S. 9. Im Folgenden soll entweder der Begriff Jugend-Konzentrationslager Uckermark verwendet werden, um die Zuordnung zum Konzentrationslagersystem zu verdeutlichen oder der von den Häftlingen geprägte Begriff Jugendlager Uckermark. Der Terminus Jugendlager Uckermark wird dann verwendet werden, wenn dies aus den Zeuginnenberichten hervorgeht. Das Jugend-Konzentrationslager Uckermark gehört zu den vergessenen nationalsozialistischen Lagern. In den 50er und 60er Jahren wurde es noch kritiklos dem Fürsorgeerziehungssystem zugeschrieben und erst in den 70er Jahren als Konzentrationslager anerkannt. Noch heute wird um die Beachtung und Anerkennung der Verfolgungsgeschichte und der Leiden der Uckermärkerinnen gekämpft. Während der Entstehungszeit dieser Arbeit wiesen lediglich kleine, sehr alte Schilder auf das Jugend-Konzentrationslager Uckermark hin. Erläuterungen und Wegweiser entlang und hinter der Mahn- und Gedenkstätte Ravensbrück hin zum Gelände des ehemaligen

Diese letzte Phase, in der auch Greta Bösel Aufseherin im Frauenkonzentrationslager Ravensbrück war, wurde für die Häftlinge zu einem unerbittlichen Wettlauf mit dem Tod. Zusätzlich zu dem Hunger, den Auszehrungen und den Epidemien – es brach eine Typhusepidemie aus, die viele Opfer forderte und an der Greta Bösel, wie sie selbst berichtete, auch erkrankte – kam die Bedrohung, Opfer der gezielten und systematischen Massenvernichtungsaktionen zu werden.[168] In dieser Schlussphase gab es mit Abstand die meisten Todesopfer im Frauenkonzentrationslager Ravensbrück, sie bedeutete für ca. 25.-26.000 Frauen den Tod.[169]

Die letzten Monate des Konzentrationslagers Ravensbrück waren geprägt von Chaos und der bevorstehenden Niederlage des NS-Regimes. Es trafen nach wie vor Evakuierungstransporte aus Auschwitz und den östlichen Außenlagern in Ravensbrück ein, so dass Anfang 1945 die meisten Häftlinge in Ravensbrück verzeichnet wurden. Aus einem Schreiben an das WVHA vom 15. Januar 1945 geht hervor, dass 46.070 weibliche Häftlinge und 7.848 männliche Häftlinge in Ravensbrück und seinen Nebenlagern inhaftiert waren.[170]

Die Bemühungen der SS in den letzten Monaten des Bestehens des Frauenkonzentrationslagers Ravensbrück die Spuren der begangenen Verbrechen zum einen durch Liquidierungen mehrerer tausender Häftlinge und zum anderen durch die Verlegung transportfähiger Häftlinge zu verwischen, stellten eine erhebliche Bedrohung dar.[171]

Von den zurückgebliebenen Gefangenen wurden 20.000 Häftlinge auf den sogenannten „Todesmarsch" geschickt. Am 29. April 1945 verließen die letzten Angehörigen der SS das Frauenkonzentrationslager Ravensbrück, nachdem sie Wasser und Strom abschalteten und ca. 2.000 Frauen, Männer und Kinder in Ravensbrück zurückließen. Greta Bösel gehörte zu den Letzten, die das Frauenkonzentrationslager Ravensbrück verließen. Ihren eigenen Angaben zufolge blieb sie bis zum 28. April 1945 im Frauenkonzentrationslager Ravensbrück und verließ somit diesen Ort nur zwei Tage bevor die ersten Vorposten der Roten Armee am 30. April 1945 im Frauenkonzentrationslager Ravensbrück eintrafen, denen am 1. Mai die ersten regulären Einheiten folgten.[172]

Jugend-Konzentrationslager Uckermark fehlten gänzlich. Vgl. dazu Limbächer/MertenPfefferle, Mädchenkonzentrationslager S. 7. Dazu ist mehr nachzulesen bei Jacobeit, Geschichte.
168 Herzog/Strebel, Frauenkonzentrationslager, S. 23, WO 235/306, S. 206 und Leo, Ravensbrück, S. 510-511.
169 Herzog/Strebel, Frauenkonzentrationslager, S. 25 und Distel, S. 198.
170 Herzog/Strebel, Frauenkonzentrationslager, S. 22-23; vgl. ebenfalls die Gesamtstärkenmeldung an das WVHA als Kopie vorh. in: Archiv der MGR.
171 Herzog/Strebel, Frauenkonzentrationslager, S. 23.
172 Herzog/Strebel, Frauenkonzentrationslager, S. 24.

1.2.2 Häftlingszahlen und Bedingungen

Greta Bösel gab im Verhör vor Gericht an, dass die Bedingungen in Ravensbrück gut waren, als sie als Aufseherin in das Lager kam. Weiter sagte sie aus, dass sich im September 1944 noch zwei Frauen ein Bett teilen konnten. Erst während ihrer Krankheit und Abwesendheit hätten sich die Bedingungen verschlechtert. So seien bei ihrer Rückkehr ca. 14.000 Häftlinge im Lager gewesen und es sei ein Zelt zur Unterbringung der Häftlinge erbaut worden.

Die Aussagen von Greta Bösel entsprechen nicht den Angaben der Zeuginnen und decken sich auch nicht mit den Forschungsergebnissen. Die Bedingungen im August oder September 1944 waren katastrophal, was auch aus den Zeuginnenaussagen hervorgeht.[173]

Bereits im Mai 1940 überstiegen die Häftlingszahlen die ursprünglichen Vorstellungen. Im Sommer 1941 waren bereits 5.000, im April 1942 ca. 6.400 weibliche Häftlinge in den „Stärkemeldungen" registriert, was bedeutete, dass sich schon 1942 zwei Frauen ein Bett teilen mussten, da die Blöcke mit ca. 540 Frauen überbelegt waren. Die Zeugin Helena Dziedziecka sagte aus, dass sich die Situation Ende 1941, Anfang 1942 verschlechterte und immer schlimmer wurde, so dass sie sogar zu viert oder sechst in einem Bett schlafen mussten. Ende März oder April 1945 wurde sie in den Block 29 verlegt, der ursprünglich für ca. 600 Frauen ausgelegt war. Zu dieser Zeit mussten sich jedoch 1.500 Frauen den Raum, die Betten und die sanitären Anlagen teilen.[174]

Die Deportationen von weiblichen Gefangenen aus Gefängnissen und Lagern in Polen, Österreich, Frankreich, Belgien, Holland, Norwegen, Jugoslawien und weiteren besetzten Ländern ließ die Zahl der Häftlinge ab 1943 drastisch ansteigen. Für das Jahr 1943 wurden ca. 10.000 „Neuzugänge" nachgewiesen. Durch die beginnende Evakuierung der Lager Majdanek und Auschwitz ab Februar bzw. Juli 1944, die Deportation der Warschauer Zivilbevölkerung nach der Niederschlagung des Warschauer Aufstandes ab August 1944 und die Massentransporte ungarischer Jüdinnen im Herbst 1944 stieg die Zahl der Häftlinge im Frauenkonzentrationslager Ravensbrück weiter an. Die Situation in den Blöcken wurde immer schlimmer. So befanden sich im Januar 1944 ca. 17.300 Häftlinge in Ravensbrück, im Dezem-

---

173 Vgl. hierzu WO 235/310, S. 18; WO 235/305, S. 129 und Strebel, KZ, S. 15.
174 Vgl. dazu WO 235/305, S. 123-160, hier S. 129. Helena Dziedziecka sagte als Zeugin im ersten Ravensbrück-Prozess aus. Sie wurde im August 1940 in Warschau festgenommen, verbrachte 13 Monate in einem Gefängnis und kam am 23. September 1941 nach Ravensbrück. Am 23. April 1945 konnte sie mit Hilfe des schwedischen Roten Kreuzes das Frauenkonzentrationslager Ravensbrück verlassen. Zwischen dem 5. und dem 26. April 1945 gelang es dem Internationalen Komitee des Roten Kreuzes und dem Schwedischen Roten Kreuz unter Graf Bernadotte 7.500 Frauen aus Ravensbrück in die Schweiz, nach Dänemark und Schweden zu evakuieren. Vgl. dazu WO 235/305, S. 123 und Apel, Frauen.

ber war ihre Zahl bereits auf 43.700 angestiegen. [175] Die Zeugin Anna Hand erklärte im Verhör mit dem Verteidiger Bruch[176], dass Mitte Januar 1945 die Häftlingszahl bei 45.000 lag, jedoch nicht alle im Hauptlager lebten, dort waren ca. 36.000 Häftlinge untergebracht.[177]

Diese Entwicklungen lassen darauf schließen, dass Greta Bösel bezüglich der Häftlingszahlen nicht die Wahrheit sagte. Im Verhör gab sie an, bereits im Dezember 1944 krank gewesen zu sein und auch einige Tage im Bett verbracht zu haben. Sie sei ihrer Arbeit als Aufseherin aber erst vom 10. Januar 1945 bis ca. zum 10. März 1945 aufgrund ihrer Erkrankung gänzlich fern geblieben. Dies bedeutet, dass sie die Entwicklungen im Dezember noch mitverfolgen konnte. Auch wenn man nicht davon ausgehen kann, eine genaue Schätzung der Häftlingszahlen von ihr erhalten zu können, so erscheint die Differenz doch sehr hoch. Sie gab an, dass im März 1945 14.000 Häftlinge im Frauenkonzentrationslager Ravensbrück gewesen seien, während die Forschung davon ausgeht, dass die Zahl der Häftlinge sich bereits im Dezember 1944 auf 43.700 belief.[178]

Die Zeitzeugin Paulina Wanda Kiedrzyńska[179], die den Terror im Lager überlebte, beschreibt die Entwicklung der Lebensbedingungen im Frauenkonzentrationslager Ravensbrück sehr eindrücklich:

„Zwischen der Anfangsperiode des Bestehens des Lagers, als die hygienischen Bedingungen in gewisser Weise noch zu ertragen waren, und dem Zeitraum vor der Evakuierung, als man von Hygiene überhaupt nicht mehr sprechen konnte, besteht ein himmelweiter Unterschied. […] Die ersten Bewohnerinnen des Lagers litten an einer zur Perfektion getriebenen Disziplin sowie an einer übermäßig schweren, für die Frauen ungeeigneten Arbeit. […] Die Häftlinge in der Periode der Überfüllung des Lagers litten vor allen

---

175 Herzog/Strebel, Frauenkonzentrationslager, S. 16.
176 Er verteidigte Binder und Schwarzhuber.
177 Anna Hand wurde am 17. März 1942 verhaftet. Es wurden ihr illegale, politische Aktivitäten gegen das nationalsozialistische Regime vorgeworfen. Am 2. Januar 1943 wurde sie in das Frauenkonzentrationslager Ravensbrück verschleppt und blieb dort bis zur Befreiung des Lagers durch die Rote Armee. Sie arbeitete von Beginn an im Büro der Abteilung Arbeitsdienst, erst unter Dittmann, dann bei Pflaum. Durch diese Tätigkeit hatte sie einen umfangreichen Einblick in die Geschehnisse und die Organisation in Ravensbrück, was die meisten Häftlinge nicht hatten. Es ist anzunehmen, dass sie in einer besseren körperlichen Verfassung als die anderen Häftlinge war, bedingt durch ihre Tätigkeit im Büro. Während viele überlebende Häftlinge aus verschiedenen Gründen nicht in der Lage waren, wichtige Details zu nennen, war Anna Hand eine sehr wichtige Zeugin, da sie nicht nur Namen kannte, sondern auch über Abläufe, Zahlen und Strukturen informiert war. Vgl. hierzu Anna Hand im Zeugenstand während des ersten Ravensbrück-Prozesses, WO 235/306, S. 17-30, hier S. 17 und S. 24.
178 WO 235/310, S. 22 und Leo, Ravensbrück, S. 482.
179 Sie war keine Zeugin des ersten Ravensbrück-Prozesses.

Dingen an Schmutz, Verlausung, Unordnung und Durcheinander, Hunger und Krankheiten, die sich aus diesen Umständen ergaben."[180]

Die Bedingungen im Frauenkonzentrationslager Ravensbrück verschlechterten sich zunehmend. Wie Kiedrzyńska es beschreibt, wurden die hygienischen Bedingungen immer schlechter, es fehlten Platz und Kleidung, die Verpflegung wurde so mangelhaft, dass viele an Unterernährung starben.[181] Auch die Zeugin Helena Dziedziecka beschrieb im Verhör mit dem Hauptankläger Steward die Bedingungen im Lager als zunehmend schlechter. Bereits

„in 1942 vermin were very much in evidence such as lice and fleas and so on; blocks were so lousy that sometimes lice could be found in the soup. The sewer system and the water system had broken down and the camp made an impression of one big barnyard where there was a lot of dung, one big dung heap."[182]

Greta Bösel berichtete weiter, dass ein Zelt zur Unterbringung der Häftlinge errichtet wurde, jedoch verortet sie es zeitlich falsch. Die SS errichtete das Zelt bereits im September 1944, es wurde also nicht erst nach ihrer Erkrankung aufgestellt. D.h., dass sie es bereits zu Beginn ihrer Tätigkeit gesehen haben muss. Darüber hinaus hing die Errichtung dieses Zeltes mit einer immensen Überfüllung des Frauenkonzentrationslagers Ravensbrück zusammen und mit den daraus resultierenden desolaten Bedingungen, die Bösel jedoch für September 1944 leugnete. Sie erwähnte zwar das Zelt, ging jedoch nicht auf die Bedingungen ein. In dem 50 Meter langen Zelt wurden erst Frauen und Kinder aus dem evakuierten Warschau eingepfercht, später kamen Jüdinnen aus Ungarn und aus Auschwitz evakuierte Frauen hinzu. Die Frauen mussten auf einer dünnen Strohschicht ohne Decken in diesem Zelt liegen. Ein Minimum an medizinischer und sanitärer Versorgung war nicht mehr gegeben und auch die Essensrationen sanken fortwährend. Hunger, Entkräftung und epidemische Krankheiten forderten viele Opfer.[183]
Die Gesamtzahl der inhaftierten Frauen in Ravensbrück ist nicht sicher überliefert, demzufolge schwanken die rekonstruierten Zahlen. Erschwerend kommt hinzu, dass die ansonsten so akribische SS-Organisation in den letzten Wochen und Monaten die unbestimmte Anzahl von Transporten nach Ravensbrück nicht mehr

---

180 Zitiert nach Herzog/Strebel, Frauenkonzentrationslager, S. 16-17; vgl. dazu ebenfalls Leo, Ravensbrück, S. 483.
181 Zu den Essensrationen siehe Herzog/Strebel, Frauenkonzentrationslager S. 17. Vgl. auch Buber-Neumann, Gefangene, S. 130.
182 WO 235/305, S. 139.
183 Herzog/Strebel, Frauenkonzentrationslager, S. 17 und vgl. dazu Leo, Ravensbrück, S. 483-484.

offiziell registrierte. Bis Anfang Februar 1945 sind nach dem Verzeichnis des Internationalen Suchdienstes des Roten Kreuzes entsprechend der Nummernzuteilung 107.753 Frauen in das Lager eingeliefert worden. Es wird geschätzt, dass ca. 132.000 Frauen im Frauenkonzentrationslager Ravensbrück inhaftiert waren.[184] Die Zahl der Todesopfer lässt sich auch nicht mit Sicherheit bestimmen, sicher ist jedoch, dass sie 10.000 überstieg.[185] Häftlingsberichten zufolge sei die Sterblichkeit am Anfang nicht sehr hoch gewesen. Dies änderte sich im Laufe der Zeit. Die Zeitzeugin Margarete Buber-Neumann erklärte, dass während der Jahre 1940-1941 in Ravensbrück 47 Frauen gestorben seien und sich diese Zahl danach auf täglich 80 Opfer und mehr erhöhte, die eines „natürlichen" Todes gestorben seien, von den Hingerichteten, durch Injektionen Getöteten und Vergasten ganz zu schweigen.[186] Dafür spricht auch, dass die Toten in den ersten Jahren noch im städtischen Krematorium Fürstenberg eingeäschert wurden, während 1943 die SS ein lagereigenes Krematorium mit zwei Verbrennungsöfen in Betrieb nahm, welches 1944 noch um einen weiteren Ofen ausgebaut wurde.[187]

2. Rekrutierung, Ausbildung und Motivationen von Aufseherinnen

2.1 Greta Bösel über ihre Rekrutierung

Auf die Frage ihres Anwalts, wie es dazu kam, dass sie mit einem zivilen Vertrag plötzlich in einem Konzentrationslager tätig war, erwiderte Greta Bösel, es nicht freiwillig getan zu haben. Sie seien alle zusammengerufen worden, ein Herr sei gekommen, der berichtete, jede Fabrik habe eine vorgeschriebene Anzahl an Frauen für die Beaufsichtigung und zur Einarbeitung von Gefangenen bereitzustellen.[188] Demzufolge sei eine gewisse Anzahl von Frauen aus der Firma ausgesucht und zur SS geschickt worden.[189] So sei sie abkommandiert worden, um eine Ausbildung als Aufseherin zu erhalten.[190] Ob sie denn gewusst habe, was in diesem Konzentrationslager vor sich gehe, wollte ihr Anwalt zu Beginn des Verhörs wissen. „I was not able to tell that I was going to go to a concentration camp", lautete ihre Antwort.[191] Der Hauptankläger Steward wollte ferner von ihr wissen, ob bestimmte Leute die „Fremdarbeiter" in ihrer Firma beaufsichtigt und anschließend nach den Fähigkei-

184 Herzog/Strebel, Frauenkonzentrationslager, S. 17-18 und vgl. auch Ebert/Eschebach, „Kommandeuse", S. 34.
185 Vgl. dazu Ebert/Eschebach, „Kommandeuse", S. 35.
186 Buber-Neumann, Gefangene, S, 233.
187 Strebel, KZ, S. 18 und Leo, Ravensbrück, S. 476.
188 WO 235/306, S. 196.
189 Vgl. hierzu ihre zweite schriftliche Aussage vom 4. November 1946, WO 235/310, S. 23.
190 Vgl. dazu ihre Aussagen im Verhör mit ihrem Anwalt Beyer WO 235/306, S. 306, S. 196.
191 WO 235/306, S. 196.

ten selektiert hätten, um sie dann ins Lager zu schicken. Sie dementierte die Selektionen nicht und gab an, dass dafür Frauen abgestellt waren. Daraufhin fuhr er fort und fragte, ob sie nicht vielleicht deshalb ausgesucht worden sei, weil sie in der Fabrik in Hannover so gute Arbeit verrichtet habe. Diese Annahme stritt Greta Bösel ab.[192]

2.2 Die Rekrutierung von Aufseherinnen

2.2.1 Rekrutierungsarten von Aufseherinnen

Generell ist uns noch wenig über Frauen im Apparat der SS bekannt, obwohl in den letzten Jahren innerhalb der NS-Täterinnenforschung viel geschehen ist. Auch wenn noch Studien über die Rekrutierung von Aufseherinnen fehlen, so wird davon ausgegangen, dass drei Möglichkeiten für Frauen bestanden, in den Dienst eines Konzentrationslagers zu gelangen.[193] Greta Bösel gehörte zu der Gruppe von Frauen – in der Regel Fabrikarbeiterinnen wie sie selbst – die von ihren Betrieben für die Arbeit als Aufseherin eingeteilt wurden. Dies erfolgte, da Firmen, die Häftlinge aus Konzentrationslagern in der Produktion beschäftigten, wie die Firma Continental in Hannover, verpflichtet waren, Frauen als Aufseherinnen zur Verfügung zu stellen. Darüber hinaus bestand die Möglichkeit, sich freiwillig zu melden, und ab 1943 wurden Frauen durch die Arbeitsämter „dienstverpflichtet".[194]
In der ersten Phase des Frauenkonzentrationslagers Ravensbrück wurden Aufseherinnen nicht sonderlich aufwendig geworben, wahrscheinlich, weil der Bedarf an Bewachungspersonal, aufgrund der anfänglich noch nicht so hohen Häftlingszahlen, nicht übermäßig hoch war. Zeitungsartikel und die Arbeitsvermittler im Arbeitsamt machten auf die freien Stellen in Konzentrationslagern aufmerksam. Es wurden vornehmlich Frauen angesprochen, die keine Arbeit und keine Ausbildung

---

192 WO 235/306, S. 203.
193 Vgl. dazu Ebert/Eschebach, „Kommandeuse", S. 7. Gudrun Schwarz hat das Forschungsprojekt „Frauen im SS-Orden: das SS-Frauen-Korps" bereits im April 2004 abschließen können. Die Niederschrift hat begonnen, leider liegt aber noch keine Publikation vor. Das Forschungsprojekt befasst sich mit der Frage nach den Ursachen und Motiven für den Eintritt von Frauen in die SS sowie deren aktive Mitarbeit in der SS, wobei auch der familiäre Hintergrund der SS- und Kriegshelferinnen analysiert wird. Basis dieser biographischen statistischen Untersuchung sind Personaldaten von 2.369 Angehörigen des SS-Frauen-Korps und von 396 Kriegshelferinnen. Vgl. hierzu www.his-online.de, Stand 11. Februar 2007.
194 Ebert/Eschebach, „Kommandeuse", S. 31, vgl. dazu auch Heike, Langefeld, S. 7. In diesem Artikel nennt sie nur zwei Rekrutierungsformen. Zum einen seien Frauen durch eine Dienstverpflichtung in der Rüstungsindustrie geworben worden oder sie meldeten sich freiwillig. In ihrem Artikel „ … da es sich ja lediglich um die Bewachung der Häftlinge handelt… „, nennt sie die auch von Eschebach angeführten Formen der Rekrutierung von SS-Aufseherinnen. Vgl. auch Arndt, Frauenkonzentrationslager, S. 135, hier werden ebenfalls die bekannten drei Rekrutierungsarten erwähnt.

hatten und alleinstehend waren.[195] Anfangs meldeten sich einige Frauen, die zuvor einer sozialen oder pflegerischen Tätigkeit nachgegangen waren. Offensichtlich wurde dies von ihnen als geeignete Grundvoraussetzung für die Arbeit als Bewachungspersonal angesehen. Neben den finanziellen Anreizen sprach einige Frauen die geographische Nähe zum Lager an.[196]

Mit wachsenden Häftlingszahlen nahm auch der Bedarf an Bewachungspersonal zu. Durch freiwillige Meldungen wurde die benötigte Zahl an Aufseherinnen nicht mehr erreicht und so wurde begonnen, vermehrt zu werben.[197] Dabei verließ man sich auf die Propagandafähigkeiten der Arbeitsämter, die auch in Zeitungen für den freiwilligen „Ehrendienst" warben. Dies hatte jedoch nur mäßigen Erfolg.[198] Der Mangel an Aufseherinnen lässt sich nicht zwangsläufig auf den Unwillen, eine Tätigkeit in einem Konzentrationslager aufzunehmen, zurückführen, sondern ist, laut Heike, vielmehr in den Kontext der allgemeinen Arbeitsbereitschaft zu stellen, da viele Frauen eine zusätzliche Arbeitsbelastung wahrscheinlich nicht auf sich nehmen wollten.[199]

Bei der Werbung um Aufseherinnen wurde in der Regel die „leichte körperliche Arbeit" angepriesen, was aus einem Vordruck für die „Bewerbung als Aufseherin"[200] hervorgeht. Dort hieß es, bei der zu leistenden Arbeit handle es sich „lediglich um die Bewachung der Häftlinge", weshalb die Bewerberinnen auch keine beruflichen Kenntnisse nachzuweisen hätten.[201] Weiter ist diesem Vordruck zu entnehmen: „Im Konz.-Lager Ravensbrück sitzen Frauen ein, die irgendwelche Verstöße gegen die Volksgemeinschaft begangen haben und nun, um weiteren Schaden zu verhindern, isoliert werden müssen."[202] Neben dem guten Gehalt wurden ihnen eine Gemeinschaftsverpflegung, gut eingerichtete Dienstwohnungen und Dienstkleidung versprochen. Einzige Voraussetzungen für die Einstellung waren körperliche Gesundheit, was auch beispielsweise durch eine Einstellungsuntersuchung des Lagerarztes überprüft wurde, und keine Vorstrafen. Vorzugsweise wurden Frauen zwischen 21 und 45 Jahren ohne berufliche Kenntnisse eingestellt.[203]

Als der Arbeitskräftemangel vor allem in der Rüstungsindustrie zunahm, verschärften die Arbeitsämter gegen Ende 1941, Anfang 1942 die „Dienstverpflichtung".

---

195 Heike, Bewachung, S. 233.
196 Heike, Bewachung, S. 233.
197 Bereits vor Kriegsbeginn entfachte sich eine Diskussion um die Meldepflicht von Frauen zum (Rüstungs-)Arbeitsdienst, die vom Reichsarbeitsminister gefordert aber nie umgesetzt wurde. Vgl. dazu Heike, Bewachung, S. 234.
198 Vgl. dazu Heike, Bewachung, S. 234
199 Heike, Bewachung, S. 234.
200 Vgl. dazu Arndt, Frauenkonzentrationslager, S. 134.
201 Zitiert nach Arndt, Frauenkonzentrationslager, S. 134 und vgl. auch Strebel, KZ, S. 66-67.
202 Zitiert nach Strebel, KZ, S. 66.
203 Heike, Bewachung, S. 225; vgl. dazu Arndt, Frauenkonzentrationslager, S. 135 und Strebel, KZ, S. 67.

Vermutlich wurden Frauen im Verlauf des Zweiten Weltkriegs zunehmend aggressiver geworben, was zufolge hatte, dass die Zahl der Aufseherinnen rapide zunahm.[204] Andererseits kann, laut Heike, ebenfalls davon ausgegangen werden, dass der Verweis auf drastische Strafen, von vielen nachträglich als Schutzbehauptung instrumentalisiert wurde.[205] Es wurden zwar seit Dezember 1942 Vorbereitungen getroffen, eine verschärfte Dienstpflicht einzuführen, die auch zu einem Erlass im Januar 1943 führten, wonach alle Männer zwischen 16 und 65 Jahren und alle Frauen zwischen 17 und 45 Jahren meldepflichtig seien. Jedoch wurde diese Verordnung mit so vielen Ausnahmen versehen, dass sich die Umsetzung in die Praxis an dem Ermessensspielraum der Beamten orientierte.[206] Hinzu kam, dass die Arbeitsämter angehalten waren, die Werbung und die Rekrutierung von Aufseherinnen auf diplomatischem Wege vorzunehmen. Vorladungen des Arbeitsamtes und Werbekampagnen der NSDAP sollten die Frauen überzeugen. Es wurden vom Arbeitsamt jedoch vornehmlich die Frauen rekrutiert, die ein Arbeitsbuch besaßen. Frauen, die bisher nicht gearbeitet hatten, sollten laut Anweisungen des Arbeitsministeriums auch nicht herangezogen werden. Man wollte der Ober- und Mittelschicht keine unpopulären Maßnahmen zumuten.[207]

Aus der Forschung geht hervor, dass im Verlauf des Krieges mit zunehmend größerem Druck Aufseherinnen geworben und auch „dienstverpflichtet" wurden. Greta Bösel gab im Verhör an, dass sie nicht freiwillig als Aufseherin nach Ravensbrück kam, sondern von ihrer Firma ausgesucht worden sei, darüber hinaus spricht auch sie von einer „Dienstverpflichtung". Bezogen auf vorliegenden Fall werden das Forschungsdefizit und die unzulängliche Kategorisierung der Rekrutierungsarten deutlich. Auch wenn Heike darauf hin weist, dass nicht bekannt ist, ob Frauen mit Repressionen bei der nicht Befolgung einer Dienstverpflichtung zu rechnen hatten, wird der Begriff „Dienstverpflichtung" dennoch in der Forschung vielfach undefiniert benutzt und korrespondiert mit der Vorstellung der Alternativlosigkeit. Jedoch liegen keine zuverlässigen Forschungsberichte vor, die Näheres über die „Dienstverpflichtungen" aussagen. Im Fall Bösel kann leider nicht gesagt werden, ob sie die Möglichkeit der Ablehnung besaß oder wie hoch der auf sie ausgeübte Druck wirklich war, weder sie noch ihr Anwalt gehen ausführlich darauf ein. Meyer geht davon aus, dass auch eine „Dienstverpflichtung" mit einer eigenständigen Bewerbung verbunden war. Leider gehen aus ihren Ausführungen keine überprüfbaren Quellenangaben hervor, so dass an dieser Stelle offen bleiben muss, ob davon

---

204 Vgl. dazu Heike, Bewachung, S. 234-235.
205 Heike, Bewachung, S., 234-235.
206 Vgl. dazu Heike, Bewachung, S. 232.
207 Heike, Bewachung, S. 234.

ausgegangen werden kann, dass auch Greta Bösels Tätigkeit im Frauenkonzentrationslager Ravensbrück eine eigenständige Bewerbung voraus ging.[208] Da Greta Bösel nicht sonderlich ausführlich auf den auf sie ausgeübten Druck einging und auch nicht über das „Dienstverpflichtungsverfahren" sprach, liegt es nahe, dass auch andere Gründe für die Aufnahme der Tätigkeit vorlagen. Entsprechend ihrer Intention der Entschuldung geht sie jedoch nicht auf eventuelle Motivationen ein und berichtet ebenfalls nicht über Anreize, die erstrebenswert auf sie gewirkt haben könnten.

2.2.2 Motivationen und Anreize für den Beruf Aufseherin

Es wird davon ausgegangen, dass der wichtigste Anreiz für die Tätigkeit der Aufseherin finanzieller Art war. Die Sicherheit, Reichsangestellte zu werden, wird außerdem reizvoll auf einige Frauen gewirkt haben.[209] Es scheint ebenfalls möglich, dass das Frauenkonzentrationslager Ravensbrück von einigen als attraktive Dienststelle betrachtet wurde. Die Unterbringung des Konzentrationslagerpersonals kann zumindest in der Anfangszeit als privilegiert bezeichnet werden.[210] Die Wohnsiedlung des Personals befand sich außerhalb des Lagers und bestand, neben vier Kommandantenvillen, aus Wohnhäusern, die im Landhausstil – mit Dielen, großzügigen Treppenaufgängen – mit Ein- und Mehrzimmerwohnungen ausgestatten waren. Jedes dieser Häuser hatte einen großen Gemeinschaftsbalkon, häufig mit Blick auf den Schwedtsee und war umgeben von einer parkähnlichen Anlage. Die Besonderheit des Frauenkonzentrationslagers Ravensbrück war, dass für Kinder der dort tätigen Aufseherinnen Betreuungsmöglichkeiten bestanden. So befand sich in einem Gebäude direkt am Seeufer ein Kindergarten.[211] Die freiwilligen SS-Aufseherinnen waren in der SS-Siedlung zu zweit in einem Zimmer untergebracht. Die „dienstverpflichteten" Aufseherinnen, die ab 1943 beschäftigt wurden, wohnten in Baracken außerhalb des Lagers. In der Regel waren die Aufseherinnen „kaserniert", jedoch hatten verheiratete Aufseherinnen oder Mütter die Möglichkeit, außerhalb des Lagers privat untergebracht zu werden.[212] Der Verdienst der Aufseherinnen überstieg in der Regel den Lohn einer Fabrikarbeiterin. Aufseherinnen waren Reichsangestellte und wurden somit nach der Tarifordnung für Angestellte besoldet.[213] Eine ledige 25-jährige Aufseherin erhielt 1944

---

208 Vgl. dazu Meyer, Frau, S. 125-126.
209 Heike, Bewachung, S. 232 ff. und Arndt, Frauenkonzentrationslager, S. 134 ff.
210 Vgl. hierzu Heike, Bewachung, S. 232f.
211 Ebert/Eschebach, „Kommandeuse", S. 34. Mehr zu Motivationen und Beweggründen einzelner Aufseherinnen in: Strebel, KZ, S. 74ff.
212 Vgl. dazu Heike, Bewachung, S. 225.
213 Dies ist dem Vordruck der Kommandantur von Ravensbrück die „Bewerbung als Aufseherinnen" betreffend zu entnehmen. Als Eingangsstufe erhielten sie Besoldungsgruppe IX, die

ein Bruttogehalt von 185,68 RM monatlich, was nach Abzug gesetzlicher Abgaben und der Kosten für Verpflegung und Wohnung monatlich 105,10 RM ausmachte. Die Aufseherinnen wurden gemeinschaftlich verpflegt, wofür sie 1,20 RM pro Tag zahlen mussten. Die Dienstbekleidung stand ihnen kostenlos zur Verfügung. Zusätzlich erhielten die Aufseherinnen eine monatliche Überstundenpauschale von 35 RM, wenn sie bei einer 68-Stunden-Woche mehr als 300 Stunden im Monat gearbeitet hatten. Der monatliche Bruttolohn einer ungelernten Textilarbeiterin hingegen betrug 1944 76 RM. Hinzu kam, dass der Lohn der männlichen Industriearbeiter um 40-50% höher lag als der ihrer Kolleginnen. Diese großen Einkommensunterschiede gab es innerhalb der SS vermutlich nicht. Ein „einfacher" SS-Mann, also eine Person ohne Rang und damit dem „SS-Gefolge" vergleichbar, erhielt 1936 sogar nur 780 bis 1.080 RM im Jahr.[214] So kann davon ausgegangen werden, dass auf Bösel die finanziellen Aussichten durchaus attraktiv gewirkt haben, zudem sie, als ungelernte Arbeiterin, in Hannover in einer Fabrik arbeitete. Vielleicht wurden ihr auch gepaart mit höheren Erträgen leichtere Arbeitsbedingungen und eine sichere Einstellung in Aussicht gestellt.

Zwar wurden die Bedingungen im Lager mit Ausbruch und Fortschreiten des Krieges auch für das SS-Personal als zunehmend schwieriger bezeichnet, jedoch waren sie offenbar für die meisten Frauen nicht so schlimm, als dass sie um ihre Entlassung gebeten hätten. Einige Berichte und Dokumente übermitteln, dass es durchaus möglich war, eine Entlassung zu erreichen, auch wenn dies nicht ganz einfach war.[215] Elf Fälle sind bekannt, in denen Aufseherinnen entweder während oder nach der Probezeit kündigten. Der am häufigsten genannte Anlass war eine Schwangerschaft. In zwei Fällen werden persönliche Gründe nicht weiter ausgeführt, in einem Fall wurde Unzufriedenheit als Grund angegeben und Krankheit war ebenfalls ein Grund, um die Kündigung zu erbitten.[216] Nicht bekannt ist, ob für einige Aufseherinnen auch die schrecklichen Zustände in Ravensbrück ausschlaggebend für eine Kündigung waren. Aufseherinnen konnten aber auch aus verschiedenen Gründen versetzt werden, in der Regel, wenn sie straffällig geworden waren. Diebstahlsdelikte, persönlicher Kontakt zu den Häftlingen, mangelnde Achtsamkeit bei der Bewachung der Häftlinge und auch Mord konnten zu einer Versetzung führen. Dabei fiel das Strafmaß sehr unterschiedlich aus. So wurde der

---

115 RM betrug. Nach Ablauf einer Probezeit von drei Monaten wurden sie nach Gruppe VIII vergütet, was 135 RM ausmachte. Nach einem Jahr konnten die Aufseherinnen Tarifgruppe VII beziehen, 155 RM und bei „besonderer Eignung" auch schon vor Ablauf eines Jahres. Diese Vergütung konnte nach Vollendung des 21. Lebensjahres bezogen werden. Mit der Vollendung des 26. Lebensjahres stieg die Vergütung dieser Tarifgruppe um 30 RM an. Zusätzlich erhöhte sich das Bruttogehalt je Kind um 20 RM. Vgl. Heike, Bewachung, S. 237.
214 Heike, Bewachung, S. 224-225.
215 Vgl. dazu Heike, Bewachung, S. 228-230.
216 Vgl. dazu Strebel, KZ, S. 77.

Diebstahl an Reichseigentum mit drei Monaten Gefängnis geahndet, wogegen z.b. die tödliche Verletzung eines Häftlings durch eine fahrlässige Handhabung der Dienstpistole lediglich mit fünf Tagen gelindem Arrest belangt wurde.[217] Wie streng Vergehen geahndet wurden ist nicht ganz klar, Aussagen von Aufseherinnen besagen jedoch, dass selten mit einer harten Bestrafung zu rechnen gewesen sei.[218] Ob Greta Bösel je eine Kündigung in Erwägung zog oder sogar eine einreichte, kann an dieser Stelle nicht eindeutig geklärt werden. Es liegt jedoch sehr nahe, dass in ihrem Fall beides nicht zutrifft. Eine eingereichte Kündigung wäre ihrer Entschuldigungsintention und damit der Entschuldigungsstrategie sehr dienlich gewesen und daher kann davon ausgegangen werden, dass sie diese in jedem Fall erwähnt hätte. Vermutlich wäre in ihrem Fall eine Kündigung nicht ausgeschlossen gewesen. Sie hätte auf ihre langwierige Krankheit oder auf mögliche Schwierigkeiten mit der Bewachungsaufgabe verweisen können.

3. Aufgabenbereiche und Lagerverwaltung im Frauenkonzentrationslager Ravensbrück

3.1 Greta Bösel über ihre Arbeit als Aufseherin

3.1.1 Ihre Stellung und Aufgaben

Greta Bösel gab an, Mitte September 1944 ihre Tätigkeit im Frauenkonzentrationslager Ravensbrück aufgenommen zu haben. Für zwei Monate sei sie als Aufseherin in einem Außenkommando tätig gewesen, während dieser Zeit war Obersturmführer Simon ihr Vorgesetzter gewesen. Sie habe eine Arbeitsformierung unter sich gehabt, die sie beaufsichtigte, nachdem die Arbeit nach dem Morgenappell zugeteilt war.[219] Danach folgte eine Versetzung in den Innenbereich, wo sie von November 1944 bis Januar 1945 unter Hauptsturmführer Bräuning gearbeitet habe und für die Morgen- und Mittagsappelle zuständig gewesen sei.[220] Ihr Anwalt Dr. Beyer resümierte, dass sie nach Abzug ihrer Typhuserkrankung nur ca. drei Monate in Ravensbrück tätig war.

Auch lenkte er das Verhör auf ihre Position innerhalb des Lagers und erkundigte sich, ob sie jemals die Position einer Kommandoführerin inne gehabt und daher auch eine spezielle Uniform oder Abzeichen getragen habe. Bösel gab an, nie Kommandoführerin gewesen zu sein. Man habe ihr zwar vorgeschlagen, einen entsprechenden Kurs abzulegen, sie habe jedoch dieses Angebot ausgeschlagen, da sie

---

217 Heike, Bewachung, S. 228.
218 Vgl. dazu Heike, Bewachung, S. 228-230.
219 Vgl. dazu WO 235/310, S. 23.
220 Vgl. dazu WO 235/306, S. 197.

keinen gesteigerten Wert darauf gelegt habe, eine derartige Funktionärin zu werden. Auch die Aussicht mit einer Ausbildung zur Kommandoführerin nicht mehr länger eine einfache Aufseherin bleiben zu müssen, habe keinen Eindruck auf sie gemacht, da sie diese Arbeit nicht als ihren Beruf angesehen habe.[221]

Anschließend sei sie in die Arbeitsabteilung versetzt worden und unterstand Oberscharführer und Arbeitsführer Hans Pflaum.[222] Als Unterschied zwischen Pflaums und ihrer Arbeit gab sie an, dass sie „nicht richtig was zu tun" gehabt habe. Sie sei lediglich für die Morgen- und Mittagsappelle zuständig gewesen und habe anwesend bei Transporten sein müssen. Er hingegen habe die Aufsicht über die gesamte Arbeitsabteilung gehabt, seinen Anordnungen musste Folge geleistet werden und er trug die Verantwortung für alle schriftlichen Dokumente.[223] Ihr Anwalt Dr. Beyer schlussfolgerte aus dieser Aussage, dass dies keine richtige Arbeit gewesen sei und forderte sie auf, dem Gericht genau zu beschreiben, was sie zu tun gehabt habe.[224]

So berichtete sie, dass die Gefangenen am Morgen nach den Zählappellen gemäß ihrer Arbeitskommandos aufmarschieren und beim Verlassen des Lagers an ihrem Tisch vorbei gehen mussten. Sie habe die Gefangenen gezählt, die Nummer auf einen Zettel geschrieben, den Zettel einem Funktionshäftling gegeben und dann habe das Arbeitskommando das Lager verlassen.[225]

Es seien aber auch Listen verwahrt und unterschiedliche Schreibarbeiten im Arbeitsdepartement verrichtet worden, warf ihr Anwalt ein. Sie erwiderte, dass diese Bürotätigkeiten von Gefangenen getätigt und von Pflaum unterschrieben wurden. Sie habe daher nicht gewusst, welcher Art diese Listen seien und was die Gefangenen dort vermerkten. Auch wenn sie mit diesen Gefangenen im selben Raum gesessen habe, habe sich dies ihren Kenntnissen entzogen und sie habe sich auch nicht darum gekümmert, da dies nicht zu ihren Aufgaben gehörte.[226]

3.1.2 Ihre besonderen Aufgaben bei den Selektionen

Einer der Hauptanklagepunkte gegen Greta Bösel war der Vorwurf der Teilnahme an Selektionen für das Vernichtungslager Uckermark, weshalb im Verhör ausführlich auf ihre Rolle bei diesen Selektionen eingegangen wurde. Während Greta Bösel in ihrer ersten schriftlichen Aussage vom 15. August 1946 einräumte, bei Selektionen arbeitsunfähiger Frauen für das sogenannte „Jugendschutzlager" Uckermark, durchgeführt von Pflaum, anwesend gewesen zu sein, von dem sie bereits zu diesem Zeitpunkt gewusst habe, dass es sich um ein Vernichtungslager handelte, de-

---

221 Vgl. dazu WO 235/306, S. 197.
222 Vgl. dazu auch WO 235/310, S. 23.
223 Vgl. dazu WO 235/306, S. 197.
224 Vgl. dazu WO 235/306, S. 197.
225 Vgl. dazu ihre Aussagen, WO 235/306, S. 197.
226 WO 235/306, S. 198.

mentierte sie dieses Eingeständnis in ihrer zweiten schriftlichen Aussage vom 4. November 1946. Dort hieß es, sie habe von Vergasungen nichts gewusst, sie habe noch nicht einmal gewusst, dass es überhaupt im Lager Gaskammern gab, und darüber hinaus habe sie auch niemals gesehen, dass andere Aufseherinnen Häftlinge misshandelten. Von der Existenz dieser Gaskammern habe sie erst von anderen Aufseherinnen im Zivilinternierungslager gehört. Sie hege jedoch Zweifel an der Wahrhaftigkeit dieser Aussage. Ob Dr. Winkelmann, den sie aus dem Lager kenne, irgendetwas mit den Vergasungen zu tun gehabt habe, könne sie nicht sagen. Sie wisse lediglich, dass er dem Revier und dem Krankenblock vorgestanden habe und dass er Häftlinge untersuchte, die in das Lager kamen, um festzustellen, ob sie arbeitsfähig seien. Ihrer Aussage zufolge blieben die Häftlinge, die als arbeitsunfähig eingestuft wurden, im Lager und mussten so lange nicht arbeiten, bis sie wieder gesund waren. Als sie nach ihrer Krankheit wieder ins Lager gekommen sei, hätten ihr die Häftlinge erzählt, dass es Gaskammern gäbe. Sie selbst habe diese nie gesehen und von Selektionen für Gaskammern nichts gehört.[227]

Während des Verhörs blieb sie bei dieser zweiten Version der Aussage über die Existenz der Gaskammer und die Art der Selektionen. Dieser Widerspruch wurde oftmals aufgegriffen und sie wurde durch ihren Anwalt, den Hauptankläger und den Judge Advocate diesbezüglich befragt.

Beyer kam auf ihre erste schriftliche Aussage zu sprechen, in der sie angab, bei Selektionen arbeitsunfähiger Häftlinge anwesend gewesen zu sein, und wollte mehr über ihre Funktion während dieser Selektionen wissen. Sie gab an, präsent gewesen zu sein. Praktisch habe sie nur für Ordnung gesorgt. Sie sei dafür verantwortlich gewesen, dass die Gefangenen, die selektiert wurden, auf eine Seite gingen und sich dort ordentlich aufstellten.[228]

In Ravensbrück habe es eine große Anzahl von Selektionen für mannigfaltige Zwecke gegeben, ob die Monate von Januar bis April 1945 besonders wichtige Monate gewesen seien, wollte Beyer von Greta Bösel wissen. Die Ostfront sei immer näher gekommen und die Außenlager, die in den russisch besetzten Gebieten lagen, kamen zurück. Demzufolge sei Ravensbrück überfüllt und eine Umgliederung von Nöten gewesen.[229] Daraufhin seien die Häftlinge, die nicht mehr arbeiten konnten, in das Jugendlager Uckermark geschickt worden, da mit noch mehr Häftlingen zu rechnen gewesen sei. Folglich sei das Lager Ravensbrück von den Häftlingen gesäubert worden, die nicht mehr arbeiten konnten, resümierte ihr Anwalt und fand bestätigende Worte von seiner Mandantin.[230]

---

227 WO 235/310, S. 23.
228 WO 235/306, S. 198-199.
229 WO 235/306, S. 198.
230 WO 235/306, S. 198.

Greta Bösel berichtete, dass während der Selektionen die Häftlinge in drei Gruppen unterteilt wurden. Häftlinge, die noch voll arbeitsfähig waren, stellten eine Gruppe dar. Die, die nicht mehr voll arbeiten konnten, jedoch noch zur Verfügung standen, stellten die zweite und die, die gar nicht mehr arbeiten konnten, die dritte Gruppe.[231] Steward bemerkte während des Verhörs, dass der einzige Unterschied zwischen ihrer Aussage und der der Anklage im Bestimmungsort für die arbeitsunfähigen Häftlinge lag. Während Bösel behauptete, diese Menschen seien an einen Ort gekommen, an dem sie sich erholen konnten, sagten die Zeuginnen aus, dass sie ermordet wurden.[232] Auf diese Feststellung erwiderte Greta Bösel, sie und ihre Kolleginnen hätten nichts mit den Gefangenen zu tun gehabt, die arbeitsunfähig waren. Sie wisse nichts über die Häftlinge, die direkt aus dem Revier ins Jugendlager geschickt wurden.[233] Daraufhin wandte Steward ein, dass dies nicht der einzige Weg war, in das Jugendlager Uckermark zu kommen, es seien auch Häftlinge direkt aus den Arbeitsparaden selektiert worden und von ihnen habe sie jawohl Kenntnis gehabt. Dies sei im Januar 1945 geschehen, räumte Greta Bösel ein.[234]

Sie berichtete gleichfalls über eine weitere Form der Selektion – die Arbeitstransporte. Zu diesem Zweck seien Herren aus unterschiedlichen Fabriken gekommen, um Gefangene zum Arbeiten auszusuchen. Häftlinge aus der Arbeitsabteilung mussten die Nummern dieser selektierten Frauen auf eine Liste schreiben und dann verließen diese Gefangenen das Lager, um in den Fabriken zu arbeiten.[235] Steward wies abermals auf die unterschiedliche Interpretation hin. Während Bösel berichtete, es sei ein Herr gekommen, um die Gefangenen auszusuchen, sprachen die Zeuginnen von einem „Sklavenmarkt" und gaben an, die Frauen seien mit Fesseln abgeführt worden.[236] Greta Bösel dementierte, dass sie gefesselt waren, und wies darauf hin, dass die Gefangenen es dort oftmals besser hatten als im großen Lager.[237]

Ein weiterer wichtiger Punkt in dem Verhör war die Frage, ob Greta Bösel während ihrer Zeit als Aufseherin von der Existenz der Gaskammer wusste. Greta Bösel gab an, nichts gewusst zu haben und sich an keine Unterhaltung mit den Gefangenen erinnern zu können. Während sie bei der Befragung durch Beyer einräumte, Ende März 1945 gehört zu haben, dass selektierte Frauen auf Lastwagen das Lager verließen, um vergast und daraufhin eingeäschert zu werden, bestritt sie im Verhör mit Steward die Möglichkeit, durch Gefangene von der Existenz der Gaskammer informiert worden zu sein. Sie bestätigte die Aussage ihres Anwaltes, dass keine Transporte für die Gaskammer das Hauptlager verließen, folglich müss-

---

231 Vgl. dazu WO 235/306, S. 204 und WO 235/306, S. 198.
232 Vgl. dazu WO 235/306, S. 205.
233 Vgl. dazu WO 235/306, S. 205.
234 Vgl. dazu WO 235/306, S. 205.
235 WO 235/306, S. 199.
236 WO 235/306, S. 206.
237 WO 235/306, S. 206.

ten Selektionen für die Gaskammer im Jugendlager Uckermark stattgefunden haben, so das Resümee der Verteidigung.[238]

Als Beyer auf den Widerspruch in ihren beiden schriftlichen Aussagen zu sprechen kam, führte er an, dass der Befehl von Himmler, eine Gaskammer zu errichten, im Januar noch nicht existierte und sie daher im Januar nicht gewusst haben konnte, dass Uckermark ein Vernichtungslager war, was sie jedoch in ihrer ersten Aussage erklärte.[239] Sie führte diesen Teil ihrer Aussage auf einen Übersetzungsfehler zurück und korrigierte dies auf den Einwand ihres Anwaltes, dass sowohl das Verhör als auch das Protokoll auf deutsch getätigt worden seien, dahingehend, dass der Vernehmungsbeamte nicht genau zugehört habe und daher nicht genau mitschrieb. Der Satz, in dem sie zugab, dass sie von der Existenz der Gaskammer gewusst habe, habe sich auf Ende März und nicht auf Januar bezogen.[240]

Wie es denn sein könne, dass ein Übersetzungsfehler vorläge, obwohl die Befragung als auch das Protokoll auf Deutsch waren, wollte Steward nochmals von ihr wissen und warum sie diese Aussage unterschrieb hatte, obwohl sie fehlerhaft gewesen war? Sie habe diese Aussage vor der Unterzeichnung gelesen, sei aber in keinem guten gesundheitlichen Zustand gewesen und darüber hinaus sei man in solchen Momenten auch sehr aufgeregt, was dazu führen könne, etwas zu übersehen, erläuterte sie die Umstände.[241] Außerdem sei sie von dem Vernehmungsbeamten angebrüllt worden. Sie sei zu dieser Zeit etwas empfindlich gewesen und daher habe sie sich nicht so gut ausdrücken können. Er habe jedes Wort niedergeschrieben und ihr keine Zeit für Erklärungen gelassen.[242]

Der Judge Advocate schaltete sich ein und wollte von der Angeklagten wissen, ob sie denn nicht gefragt habe, warum die Häftlinge in das Jugendlager geschickt wurden, denn das habe sie bereits Anfang Januar gewusst. Sie habe nicht direkt gefragt, es sei ihr aber berichtet worden, dass Dr. Trommer und Pflaum gesagt hätten, die Gefangenen hätten es dort besser und sie bräuchten im Lager mehr Platz, was sie zu diesem Zeitpunkt geglaubt habe.[243] Auf mehrmaliges Nachfragen des Judge Advocate, warum sie einen so klaren, kurzen und knappen Satz, der aussagte – ich wusste, dass es ein Vernichtungslager war – unterschrieb, konnte sie nichts Neues erwidern.

Wann sie das erste Mal an Selektionen arbeitsunfähiger Frauen teilgenommen habe und an wie vielen, wollte der Judge Advocate abschließend von ihr wissen. Das erste Mal habe sie zwischen dem 1. und dem 10. Januar sowie noch einmal Mitte

---

238 Vgl. dazu WO 235/306, S. 199 und 205.
239 Vgl. dazu WO 235/306, S. 200.
240 Vgl. dazu WO 235/306, S. 200.
241 WO 235/306, S. 205.
242 WO 235/306, S. 206.
243 WO 235/306, S. 207.

März an Selektionen teilgenommen, bei denen arbeitsunfähige Frauen in das Jugendlager Uckermark geschickt wurden. Es seien ca. 200 Frauen gewesen.[244] Über die Bedingungen im Jugendkonzentrationslager Uckermark könne sie nicht viel sagen, sie sei jedoch einmal dort gewesen, habe in zwei Blocks geschaut und sich davon überzeugt, dass sie sauber waren.[245]

3.2 Ausbildung und Aufgabenbereiche von Aufseherinnen in Ravensbrück

Greta Bösel gab im Verhör an, dass sie eine einfache Aufseherin gewesen sei und die Möglichkeit der Ausbildung zur Kommandoführerin abgelehnt habe. Im Gegensatz zu den Aussagen der Zeuginnen stellte Greta Bösel ihre Stellung innerhalb der Lagerhierarchie als bedeutungslos dar. Sie habe weder richtige Aufgaben noch Weisungsbefugnisse gehabt.

Mit der Aussage, sie sei eine einfache Aufseherin gewesen, rekurrierte Greta Bösel auf eine Rangordnung unter den Aufseherinnen, die durchaus gegeben war. Bevor die neuen Aufseherinnen von der Hilfsaufseherin zur Aufseherin aufsteigen konnten, erhielten sie zu Beginn eine Einweisungs- und Schulungszeit und mussten eine dreimonatige Probezeit absolvieren. Während dieser Einweisungszeit wurde ihnen in der Regel vermittelt, dass die Gefangenen Verstöße gegen die Volksgemeinschaft begangen hätten und nun isoliert werden müssten, um weiteren Schaden zu verhindern.[246] Die Hilfsaufseherinnen kamen zunächst in sogenannten Außenkommandos zum Einsatz und wurden von „erfahrenen" Aufseherinnen angewiesen, in der Regel wurden sie aber nach kurzer Zeit selbständig tätig und konnten bei „besonderer Eignung" die Probezeit abkürzen. Greta Bösel gab an, dass sie Ende August 1944 als Aufseherin nach Ravensbrück kam und Mitte September ihre Tätigkeit aufnahm. Ob sie in den ersten Wochen an einer Einweisungs- und Schulungszeit teilnahm, kann nicht eindeutig geklärt werden. Es spricht jedoch vieles dafür, dass sie in den ca. zwei Wochen zwischen dem Eintreffen in Ravensbrück und dem Dienstbeginn eine Schulung bekam, zumal seit 1942 vermehrt „weltanschauliche Schulungen" stattfanden, da mit zunehmenden Personal die Dienstmoral offenkundig abnahm, wie aus einem Kommandanturbefehl vom Sommer 1942 hervorgeht.[247] Von September bis November 1944 sei Greta Bösel im Außendienst tätig

---

244 WO 235/306, S. 207.
245 Vgl. dazu WO 235/306, S. 205.
246 Heike, Bewachung, S. 235ff.
247 Vgl. dazu Arndt, Frauenkonzentrationslager, S. 135-136. Hinzu kam, dass Ravensbrück seit 1942 als offizielles Ausbildungslager für Aufseherinnen fungierte. Aus diesem Grund stieg die Aufseherinnenzahl seit 1942 stark an. Zwischen 1942 und 1945 wurden in Ravensbrück ca. 3.500 Aufseherinnen ausgebildet. Es blieben jedoch nicht alle in Ravensbrück, einige gingen als Aufseherin nach Lublin-Majdanek oder nach Auschwitz. Ab 1944 war es dann jedem Konzen-

gewesen. Sie berichtete, dass sie eine Arbeitsformierung unter sich hatte und nach ca. zwei Monaten in den Innendienst kam, was darauf schließen lässt, dass sie eine „besondere Eignung" aufwies, schnell eigenverantwortlich arbeiten konnte und es ihr gelang, die Probezeit abzukürzen. Es kann jedoch auch vermutet werden, dass aufgrund der hohen Häftlingszahlen ein gesteigerter Bedarf an Personal im Lager herrschte und sie infolgedessen vor dem Ablauf ihrer Probezeit in den Innendienst versetzt wurde, was jedoch ihrer Angabe widersprechen würde, sie habe keine richtigen Aufgaben im Innendienst gehabt.

Auch wenn die Karrierechancen für Aufseherinnen äußerst begrenzt waren, gab es dennoch hierarchische Unterschiede. Die meisten Frauen blieben während ihrer ganzen Tätigkeit als SS-Aufseherin „einfache" Aufseherinnen, während andere zur „Erstaufseherin" oder „Oberaufseherin" aufstiegen.[248] Die SS-Aufseherinnen gehörten zum sogenannten „weiblichen SS-Gefolge"[249] und waren den männlichen Kollegen damit rangmäßig nicht gleichgestellt. Innerhalb des Konzentrationslagers gehörten zum „weiblichen SS-Gefolge" neben Aufseherinnen auch Ärztinnen und Krankenschwestern. Es gab aber auch zivile Angestellte im Lager, die nicht dem „weiblichen SS-Gefolge" angehörten. Dazu zählten weibliche Angestellte der Politischen Abteilung und zivile Angestellte in der Kommandantur und in den Betrieben, die nicht unmittelbar mit der Bewachung der Frauen beauftragt waren.[250] Der Terminus „weibliches SS-Gefolge" war eine Hilfskonstruktion, da Frauen der patriarchal strukturierten Elitegruppe Hitlers offiziell nicht angehören durften. Dennoch unterlag das „weibliche SS-Gefolge" wie die männlichen SS-Angehörigen der SS-Gerichtsbarkeit, gehörte aber nicht zur SS-Sippschaft und damit formell nicht zu den SS-Mitgliedern.[251]

Generell unterschieden sich die Frauenkonzentrationslager kaum von den Männerkonzentrationslagern, was die Verwaltung, Organisation und Bewachung betrifft. In Ravensbrück gliederte sich die Lagerleitung wie in den meisten Konzentrationslagern in fünf Abteilungen. Es existierte die Kommandantur mit Adjutantur, die Politische Abteilung, das Schutzhaftlager, die Verwaltung, der Arzt mit dem „Revier" und die SS-Totenkopfwachsturmbanne.[252] Ein wesentliches Unterschei-

---

trationslager erlaubt das erforderliche Personal einzustellen, einzukleiden und auszubilden. Die Besoldung der Aufseherinnen erfolgte hingegen weiterhin über Ravensbrück. Vgl. dazu Heike, Bewachung, 230-231; Arndt, Frauenkonzentrationslager, S. 136 und Distel, Frauen, S. 197-198.

248 Vgl. dazu Heike, Bewachung, S. 125, Arndt, Frauenkonzentrationslager, S. 135 und Leo, Ravensbrück, S. 496ff.

249 Dazu gehörten z.B. auch Stabs- und Nachrichtenhelferinnen, vgl. dazu Schwarz, Täterinnen, S. 197-198; Strebel, KZ, S. 66 und Leo, Ravensbrück, S. 495ff.

250 Heike, Lagerverwaltung, S. 224 und Leo, Ravensbrück, S. 496.

251 Vgl. Strebel, KZ, S. 66; Heike, Bewachung, S. 224; Leo, Ravensbrück, S. 496 und Mailänder Koslov, Lebenslauf, S. 96-116.

252 Arndt, Frauenkonzentrationslager, S. 133. Näheres über die Lagerverwaltung in Ravensbrück, über Aufgaben- und Kompetenzbereiche und allgemein über die Lager-SS und national-

dungsmerkmal zwischen Männer- und Frauenkonzentrationslager war jedoch die strikte Trennung der „äußeren" und „inneren" Bewachung in Frauenlagern. Die Bewachung der inneren Lagerbereiche wurde in Frauenlagern überwiegend von weiblichem Bewachungspersonal übernommen, daher hatten die inhaftierten Frauen den unmittelbaren und alltäglichen Kontakt hauptsächlich mit den SS-Aufseherinnen. Die äußere Bewachung und die Bewachung der Lagergrenze wurden auch in Frauenlagern von SS-Männern übernommen. Leitende Funktionen in der Lagerkommandantur wurden sowohl in Männer- als auch in Frauenlagern mit Männern besetzt.[253]

Während die Erstaufseherin ein Außenlager leitete, war die Oberaufseherin Vorgesetzte aller Aufseherinnen und Mitglied des Kommandanturstabes. Ihr unterstanden zeitweise bis zu 150 Aufseherinnen und sie trug die Verantwortung für die täglichen Appelle, die Besetzung der verschiedenen Häftlingsfunktionen, die Aufstellungen der Arbeitsgruppen sowie für die Einsetzung der Blockleiterinnen und der Arbeitsaufseherinnen.[254] Zudem war die Oberaufseherin Stellvertreterin des „Schutzhaftlagerführers" und sollte ihn bei allen Angelegenheiten die weiblichen Häftlinge betreffend beraten.[255] Inwieweit es der Oberaufseherin gelang, sich in der Praxis eine durchsetzungsfähige Position gegenüber ihren männlichen Kollegen aufzubauen, muss wohl in jedem Fall einzeln untersucht werden. Deutlich wird jedoch, dass eine Oberaufseherin durchaus eine Position einnehmen konnte, die es ihr erlaubte, entscheidend in das Lagerleben einzugreifen.[256] In der Literatur wird oft davon gesprochen, ihr Rang sei „vergleichbar" mit dem eines Offiziers.[257] Strebel stellt fest, dass aus der in der Dienstvorschrift enthaltene Arbeitsplatzbeschreibung für die Oberaufseherin eindeutige Überschneidungen von Kompetenz- und Aufgabenbereichen mit denen des „Schutzhaftlagerführers" hervorgingen, was in einigen Fällen zu Konflikten führte.[258] Arndt vergleicht ihre Position sogar mit der des „Schutzhaftlagerführers", auch wenn sie ihm formal unterstellt war.[259] Doch

---

sozialistische Konzentrationslager ist nachzulesen bei Heike, Lagerverwaltung; Herbert/Orth/Diekmann, Konzentrationslager; Kogon, SS-Staat; Morsch/Ohm/Pasquale, Europa; Orth, Konzentrationslager-SS; Röhr/Berlekamp, Tod; Schwarz, Lager; Sofsky, Ordnung; Wippermann, Konzentrationslager; Strebel, KZ; Drobisch/Wieland, System und Tuchel, Konzentrationslager.

253 Heike, Bewachung, S. 221.
254 Vgl. dazu Arndt, Frauenkonzentrationslager, S. 134 und Strebel, KZ, S. 67.
255 Vgl. dazu Strebel, KZ, S. 67.
256 Heike, Bewachung, S. 225.
257 Vgl. dazu Strebel, KZ, S. 67.
258 Strebel, KZ, S. 68.
259 Vgl. dazu Arndt, Frauenkonzentrationslager, S. 133ff. Der „Schutzhaftlagerführer" war der Stellvertreter des Kommandanten und war für die inneren Angelegenheiten des Lagers verantwortlich. Während des Bestehens des Lagers, gab es in Ravensbrück sechs „Schutzhaftlagerführer". Von 1939-1940 war der Obersturmführer Egon Zill „Schutzhaftlagerführer", von 1940-1941 Obersturmführer Otto Soeldner, von 1941-1942 Hauptsturmführer Traugott Meyer, bis

gerade diese Formalität verlangt, mit derartigen Vergleichen sehr kritisch umzuge-
hen, zumal die Erforschung des „weiblichen SS-Gefolges" noch große Lücken aufweist. Eine bereits relativ gut erforschte Oberaufseherin ist Johanna Langefeld, die
in den Frauen-Konzentrationslagern Lichtenburg, Ravensbrück und Auschwitz
maßgeblich an der Ausgestaltung der organisatorischen Strukturen beteiligt war.[260]
Es ist bekannt, dass sie eine sehr ambitionierte Oberaufseherin war und es zu star-
ken Konflikten mit ihren männlichen Vorgesetzten kam.[261] Als Greta Bösel ihren
Dienst in Ravensbrück antrat, war Dorothea Binz Oberaufseherin, die ebenfalls im
ersten Ravensbrück-Prozess angeklagt war. Sie wurde wie Greta Bösel von Beyer
vertreten und erhielt ebenso die Todesstrafe.[262]
Welche Position Greta Bösel im Innendienst innehatte, geht weder aus ihren noch
aus den Aussagen der Zeuginnen vollständig hervor.[263] Sie erklärte, sie habe unter
Bräuning gearbeitet und ab Januar 1945 bzw. März 1945 sei Pflaum ihr Chef gewesen.[264] Bräuning war von 1943 bis 1944 der „Schutzhaftlagerführer" Ravensbrücks,
ihm unterlagen gemäß seiner Position alle inneren Angelegenheiten des Lagers. Er
galt als Stellvertreter des Kommandanten und war für die Unterbringung und die
täglichen Appelle der Häftlinge zuständig.[265] Darüber hinaus fungierte er als unmit-
telbarer Vorgesetzter des SS-Bewachungspersonals.[266] Ohne sein Wissen geschah
offiziell nichts im Lager. Der „Schutzhaftlagerführer" entschied über die „Neuzu-

---

1943 blieb der Posten meist vakant und wurde zeitweilig kommissarisch von Hauptsturmführer
Michael Redwitz oder der amtierenden Oberaufseherin wahrgenommen. Von 1943-1944 war
Hauptsturmführer Edmund Bräuning „Schutzhaftlagerführer" und der letzte Inhaber dieser
Stelle war Johann Schwarzhuber, der im ersten Ravensbrück-Prozess verurteilt und durch den
Strang hingerichtet wurde.
260 Vgl. dazu Schwartz, Selbstverständnis, S. 72 und Heike, Langefeld.
261 Vgl. dazu Schwartz, Selbstverständnis, S. 72 und Strebel, KZ, S. 68-70.
262 Von 1939 bis 1940 war Emma Zimmer Oberaufseherin im Frauenkonzentrationslager Ravensbrück, von 1941 bis 1942 Johanna Langefeld, von April bis Oktober 1942 Maria Mandel,
von Oktober 1942 bis April 1943 Johanna Langefeld, aufgrund von Schwierigkeiten wurde sie
im Frühjahr aus der SS entlassen. Ob der Posten der Oberaufseherin bis Ende 1943 unbesetzt
blieb oder durch die damalige stellvertretende Oberaufseherin Margarete Gallinat bekleidet wurde, kann nicht eindeutig geklärt werden. Es folgte von Dezember 1943 bis Dezember 1944 Anna Klein-Plaubel. Die letzte Oberaufseherin war Dorothea Binz. Vgl. dazu Arndt, Frauenkonzentrationslager, S. 134 und Strebel, KZ, S. 67-72. Die Angaben und Zeiträume gehen bei beiden auseinander.
263 In der Regel unterschieden sich die Aufseherinnen vielmehr durch ihre Aufgaben als durch
ihre Ränge von einander. Zu den einzelnen Aufgabenbereichen und Stellen, wie z.B. die der
Kommandoführerin, Rapportleiterinnen, Blockleiterinnen, Arrestführerinnen und Hundeführe-
rin vgl. Heike, Lagerverwaltung, S. 226 und Leo, Ravensbrück, S. 496.
264 Vgl. dazu WO 235/306, S. 197.
265 Vgl. dazu Arndt, Frauenkonzentrationslager, S. 133.
266 Heike, Lagerverwaltung, S. 223.

gänge" und Entlassungen von Häftlingen und wurde nicht selten als „Lagerführer"
bezeichnet und mit dem Kommandanten verwechselt.[267]

Pflaum, dem sie danach unterstellt war, war der Arbeitsdienst- und Arbeitseinsatz-
führer und demzufolge unterstand ihm der gesamte Arbeitsbereich der Häftlinge.[268]
Während Greta Bösel im Verhör erklärte, dass sie in der Arbeitsabteilung „eigent-
lich gar nichts zu tun" gehabt habe, sagte die Zeugin Hand aus, Greta Bösel habe
eine wichtige Stellung innerhalb der Arbeitsabteilung eingenommen.[269] Erpel
schreibt ihr sogar die Position der Arbeitsdienstführerin zu.[270] Da der Bedarf an
Aufseherinnen aufgrund der hohen Häftlingszahlen zu dieser Zeit sehr hoch war,
scheint es nicht sehr wahrscheinlich, dass Greta Bösel aufgabenlos war. Eine Aufgabe bestand ihren Aussagen zufolge darin, bei Selektionen für „Ordnung zu sorgen". Diesbezüglich widersprachen ihr jedoch die Zeuginnen, indem sie aussagten,
Greta Bösel habe aktiv an Selektionen für das Jugendlager Uckermark teilgenommen.[271]

Diese Selektionen wurden von den Zeuginnen als grausam beschrieben. Dorthin
wurden geschwächte, kranke und alte Frauen gebracht, die im Frauenkonzentrationslager Ravensbrück als „arbeitsunfähig" eingestuft worden waren. Auswahlkrite-
rien dieser Selektionen waren u.a. graue Haare und geschwollene Beine, wie Zeuginnen im ersten Ravensbrück-Prozess beschrieben. So berichtete die Zeugin Helena Dziedziecka: „For the Jugendlager were selected women with grey hair, swol-
len legs or an uncertain gait and also those who were very thin."[272] Diese Selektionen waren umso schlimmer, als die Frauen herausfanden, dass „those selections
were carried out in order to sent the selected people to the youth camp and afterwards to the gas chamber." Um nicht selektiert zu werden, versuchten die Frauen
mit allen Mitteln einen gesunden und guten Eindruck zu machen. Sie färbten sich
die Lippen, das graue Haar mit Asche und versuchten möglichst gerade zu gehen.[273]

Die Zustände in diesem Vernichtungslager wurden von Überlebenden, ganz im
Gegensatz zu Bösels Aussagen, als erbärmlich beschrieben. Bereits in Ravensbrück
wurde den Frauen fast die ganze Kleidung abgenommen und es wurden ihnen
Goldplomben und Zahnkronen herausgerissen. Die Zeitzeugin Dagmar Hájková
beschrieb die Zustände im Jugendlager wie folgt:

---

267 Vgl. dazu Heike, Bewachung, S. 223.
268 Vgl. dazu Heike, Bewachung, S. 223.
269 WO 235/306, S. 22.
270 Erpel, Ravensbrück-Prozesse, S. 117.
271 WO 235/306, S. 198-199 und WO 235/305, S. 138.
272 WO 235/305, S. 138 und vgl. auch Erpel, „Jugendschutzlager", hier S. 179-180.
273 WO 235/318, S. 78.

„Fünf Baracken hatte man im neuen Lager zu großen Räumen aufgeteilt. An Stelle von Betten Bretter an der Wand. Es gab keine Decken und die Frauen hatten weiter nichts als Fetzen. Sie hatten keine Wäsche, Jacken, Kopftücher, nicht einmal Holzpantinen. Es gab weder Wasser noch Klosetts. Nur hinter der 5. Baracke eine Latrine. Und Kübel. In den ersten drei Tagen kam überhaupt kein Essen. Aber dafür stand man beinahe den ganzen Tag Appell. Zweimal täglich – je 6 bis 8 Stunden. In der Nacht lagen die Frauen auf dem nackten Boden, ohne Decken. Sie starben schnell, 25, 30 am Tag.“[274]

Die Frauen im Jugendlager Uckermark fielen den katastrophalen Bedingungen zum Opfer – starben durch Hunger, Erschöpfung und Krankheiten, wurden durch Giftinjektionen getötet oder für die Gaskammer, die direkt neben dem Stammlager Ravensbrück errichtet wurde, selektiert.[275]

4. Behandlung der Häftlinge

4.1 Greta Bösel über ihre Behandlung der Häftlinge

In ihrer ersten eidlichen Aussage räumte Bösel ein, Häftlinge selbst mit einem Lederriemen oder mit der Hand geschlagen zu haben. Generell habe sie jedoch die Häftlinge so gut wie möglich behandelt, wie sie in ihrer zweiten eidlichen Aussage erklärte. Unter ihnen seien jedoch einige aus dem Zuchthaus oder dem Gefängnis ins Lager gebracht worden und es sei schwer gewesen, mit ihnen auszukommen. Das sei der Grund gewesen, warum sie oftmals gezwungen war, gegen ihren Wunsch Häftlinge mit einer Ohrfeige zu bestrafen. So lange sich die Häftlinge jedoch gut und ordentlich benahmen, habe sie sie gut behandelt. Den ihr unterstellten Häftlingen habe sie keine Ohrfeige gegeben, sondern nur anderen während der Appelle.[276] Es sei im Lager bekannt gewesen, so berichtete sie weiter, dass man die Häftlinge nicht schlagen durfte. Da sie jedoch für die Ordnung verantwortlich gewesen sei, sei sie manchmal dazu gezwungen gewesen und sie glaubte, es sei besser gewesen, auf diese Weise Ordnung zu schaffen, als Meldung an ihren Vorgesetzten zu machen. Sie habe während ihrer Tätigkeit im Lager keine Meldung über Häftlinge gemacht. Ihrer Meinung nach könnten diese Ohrfeigen nicht als Misshandlung betrachtet werden.[277]

---

274 Zitiert nach Herzog/Strebel, Frauenkonzentrationslager, S. 20.
275 Herzog/Strebel, Frauenkonzentrationslager, S. 20 und vgl. Erpel, „Jugendschutzlager", S. 179-180.
276 WO 235/310, S. 22.
277 WO 235/310, S. 22-23.

In ihrer ersten eidlichen Aussage räumte sie weiter ein, gehört zu haben, dass den toten Häftlingen Goldkronen bzw. Goldzähne aus dem Mund entfernt wurden, und von den „Versuchsoperationen" erfahren zu haben, als man ihr zwei Frauen zeigte und diese als „Versuchskaninchen" bezeichnete. Gleichfalls konnte sie sich in dieser Aussage vom 15. August 1946 daran erinnern, dass der Lagerführer Suhren persönlich die Meldungen für das Bordell entgegen genommen hatte und Ramdohr wohl wegen seiner Strenge bei den Häftlingen sehr verhasst und gefürchtet gewesen war.[278] Weiter habe sie durch Hörensagen von Häftlingen erfahren, dass Schwarzhuber bei Erschießungen anwesend gewesen sein soll.[279] Dies alles dementierte sie in ihrer zweiten eidlichen Aussage, indem sie behauptete, niemals während ihrer Tätigkeit im Lager selbst misshandelt noch gesehen oder gehört zu haben, wie ein Häftling misshandelt wurde. Sie räumte lediglich ein, dass sie gehört habe, dass ihre Kameradinnen auch oftmals dazu gezwungen waren, Ohrfeigen zu geben, und dass es einen Strafblock gegeben habe, in dem Häftlinge, die sich vergangen hatten, isoliert gefangen gehalten wurden. Diese Häftlinge hätten dieselben Pflichten und Rechte gehabt wie die anderen, sie hätten lediglich nicht mit den anderen Häftlingen sprechen dürfen.[280]

Ihr Anwalt Beyer kam auf die Maßregelungen – wie er sich ausdrückte – zu sprechen, die sie angewandt habe, um für Ordnung zu sorgen. Er erwähnte die Aussage einer Zeugin, die erklärt habe, Bösel sei anfänglich anständig gewesen und habe keine Menschen geschlagen und gestoßen, was sich jedoch nach vierzehn Tagen änderte. Er forderte von ihr eine Erklärung für ihren „Methodenwechsel".[281] Bösel erklärte, dass die erwähnten Szenen nur während der Appelle geschehen seien, und begründete dies mit dem schlechten Verhalten der Häftlinge. „In the morning during the labour appell I frequently had great difficulties. People were supposed to work but they did not want to." Ob sie darüber erstaunt gewesen sei, wollte ihr Anwalt wissen, denn es sei ja nur verständlich, dass sie nicht für ihre Feinde arbeiten wollten. Sie antwortete ihm:

> „From the human point of view one could not be surprised and not take it amiss but the orders were different and after all they were not at liberty and If I am not at liberty I cannot expect to be able to do what I like and the orders from above said that those prisoners would have to work."[282]

---

278 WO 235/310, S. 22-23. Ludwig Ramdohr war der Chef der politischen Abteilung und gehörte der Gestapo an. Er wurde im ersten Ravensbrück-Prozess zum Tode verurteilt.
279 Vgl. hierzu WO 235/310, S. 18-19 und Schäfer, Selbstverständnis, S. 177.
280 WO 235/310, S. 23.
281 WO 235/306, S. 201.
282 WO 235/306, S. 201.

So bemerkten sowohl Bösel als auch ihr Anwalt, dass die schwierige Bewachungssituation ihr kaum eine andere Möglichkeit ließ und sie gezwungen war, härtere Methoden anzuwenden.[283]

Eine Zeugin habe gesehen, wie sie Leute schlug und stieß, ob sie dabei ein Instrument benutzt habe, wollte Beyer ferner wissen. Normalerweise habe sie mit der Hand geschlagen, aber manchmal benutzte sie einen Gürtel oder einen Riemen. „Was this a military belt with a buckle or was it a ladies belt or was [sic]?"[284], wollte Beyer genauer wissen. Es sei ein kleiner Riemen gewesen, ca. einen halben Meter lang, ca. fünf Zentimeter breit und habe keine Schnalle gehabt.[285]

Als Steward Bösel während des Verhörs mit der These konfrontierte, dass der Unterschied zwischen ihrer Aussage und derjenigen Hands, ob Bösel kranke Frauen geschlagen habe oder nicht, lediglich eine Frage der Interpretation sei, antwortete Bösel: „I did not beat sick prisoners. I brought those prisoners who had dodged work, sometimes for weeks, to heel and I did also beat them."[286]

4.2 Strafpraxis im Frauenkonzentrationslager Ravensbrück

Bezüglich der Angaben über die Behandlung der Häftlinge und der Strafpraxis in Ravensbrück gehen die Aussagen Greta Bösels und der Zeuginnen massiv auseinander. Ein Schwerpunkt der Verhöre der Belastungszeuginnen war die Behandlung der Häftlinge durch die Angeklagten. Während Greta Bösel angab, moderat und der Strafpraxis entsprechend gehandelt zu haben, warfen ihr die Zeuginnen ein brutales und willkürliches Verhalten vor.

Es existierte zwar eine „Disziplinar- und Strafverordnung für das Gefangenenlager", die unterschiedliche Strafstufen beinhaltete und suggerierte, dass in Konzentrationslagern Vorschriften existierten, bei deren Einhaltung die Gefangenen straffrei bleiben konnten, wie Greta Bösel es auch schilderte, jedoch entsprach dies nicht der Realität.[287] Vielmehr waren die Strafen der Gefangenen abhängig von der Willkür des Personals. Wie die Zeugin Helena Dziedziecka es ausdrückte, war die Strafe „depending upon the mood [des Personals]. That did not depend on us; we did not know what punishment to expect and for how long."[288]

Generell unterschied sich die Strafpraxis im Frauenkonzentrationslager Ravensbrück nicht grundsätzlich von der in Männerlagern. Es gab jedoch auch Strafformen, unter denen vermehrt die weiblichen Häftlinge zu leiden hatten. Frauen mussten beispielsweise in Bordellen arbeiten, so habe Suhren, Greta Bösels Aussa-

---

283 Vgl. dazu WO 235/306, S. 201.
284 WO 235/306, S. 202.
285 WO 235/306, S. 202.
286 WO 235/306, S. 204.
287 Vgl. hierzu Heike/Pflock, Strafen, S. 241.
288 WO 235/305, S. 135.

gen zufolge, persönlich die Meldungen für das Bordell entgegen genommen oder sie wurden Opfer sogenannter medizinischer Experimente, wie Greta Bösel in ihrer ersten eidlichen Aussage noch bestätigte.[289]

Das Strafsystem in Ravensbrück entsprach im Wesentlichen dem „Dachauer Modell". Als Vorbild galt die Lagerordnung, die von Theodor Eicke im Auftrag Himmlers für das Konzentrationslager Dachau exemplarisch für alle Konzentrationslager abgefasst wurde.[290] In Ravensbrück wurde das Strafsystem der Lichtenburg[291] übernommen, das Kostentzug und Dunkelarrest in Einzelzellen beinhaltete. Es wurde ebenfalls ein Bunker eingerichtet, in dem es weder Tisch noch Stuhl gab und zum Schlafen lediglich eine blanke Pritsche zur Verfügung stand. Seit Juni 1938 kam es auf Anweisungen Himmlers zu einer weiteren Verschlimmerung – das Auspeitschen auf einem Prügelbock wurde eingeführt. Diese Strafe wurde ca. einmal in der Woche von einer Aufseherin im Beisein des Lagerführers durchgeführt.[292] In Ravensbrück wurden diese Strafen in dem seit 1939 fertig gestellten Zellenbau, dem sogenannten „Bunker", vollstreckt. Dieses Lagergefängnis diente der SS und der Gestapo als zusätzliches Folter- und Terrorinstrument.[293] Die Prügelstrafe wurde als härteste Strafe ausgeübt und ab 1942 wurde eine verschärfte Form von Himmler eingeführt – Schläge auf das unbekleidete Gesäß, was auch die

---

289 Bei diesen grauenhaften „Testreihen" wurden den Frauen, um die Wirkung „kriegswichtiger" Medikamente testen zu können, durch eine Operation eine Infektion (Gasbrand) zugefügt, um daran die Wirkung einer Behandlung mit Sulfonamiden zu erproben. Es wurden weiter Knochen-, Muskel- und Nervenoperationen durchgeführt. Die Frauen erlitten fürchterliche Schmerzen, die in der Regel nicht behandelt wurden. Oft wurden diese Frauen schwerstkrank zurück in ihre Baracken geschickt. Die meisten überlebten diese „Versuche" nicht. Im Lagerjargon wurden die operierten Frauen, wie Greta Bösel es bestätigte, „Versuchskaninchen" genannt. Das SS-Personal nannte es auch „Versuche am lebenden Objekt". Vgl., dazu Herzog/Strebel, Frauenkonzentrationslager, S. 15. Zur Zwangsprostitution siehe u.a. Wickert, Tabu, S. 41-50 und vgl. auch Paul, Zwangsprostitution.
290 Vgl. dazu Tuchel, Konzentrationslager, S. 144. Diese Lagerordnung, die offiziell am 31. Oktober 1933 eingeführt wurde, hatte eine vierfache Zielsetzung. Diese Lagerordnung war bedeutend für die Wachtruppe, die Häftlinge, für Himmler und für das Verhältnis zunächst Dachaus zur Justiz. Dieses Beispiel sollte im Folgenden auch für die anderen Konzentrationslager gelten, weshalb das bewährte „Dachauer Modell" auf andere Konzentrationslager übertragen wurde. Vgl. dazu Tuchler, Konzentrationslager, S. 144-149; Drobisch/Wieland, System, S. 188-191 und Sofsky, Ordnung, S. 45ff.
291 Die Lichtenburg, eine Schlossfestung bei Prettin an der Elbe im Kreis Torgau, stellte den direkten Vorläufer des Frauenkonzentrationslagers Ravensbrück dar und somit das erste Konzentrationslager für Frauen. Bevor sie als Konzentrationslager für Frauen diente, waren männliche Häftlinge in der Lichtenburg inhaftiert, die nach der Fertigstellung des Konzentrationslagers Buchenwald dort hin verlegt wurden. Die Verwaltung und Bewachung der Lichtenburg wurde von der SA oder SS übernommen. Vgl. dazu Herzog/Strebel, Frauenkonzentrationslage, S. 14 und Arndt, Frauenkonzentrationslager, S. 130-131.
292 Vgl. dazu Heike/Pflock, Strafen, S. 241; Arndt, Frauenkonzentrationslager, S. 141-142; Elling/Krause-Schmitt, Ravensbrück-Prozesse, S. 30 und Drobisch/Wieland, System, S. 107-109.
293 Füllberg-Stollberg/Jung/Riebe/Scheitenberger, Einleitung, S. 14-15.

Zeugin Neeltje Epker in ihrer schriftlichen Aussage bestätigte.[294] Die Oberaufseherin Dorothea Binz berichtete im ersten Ravensbrück-Prozess, dass sich Himmler zumindest bei den deutschen Frauen die Entscheidung über die Anwendung der Prügelstrafe vorenthielt und dass alle Urteile die eigenhändige Unterschrift Himmlers getragen hätten.[295] Gleichfalls wurde angeordnet, dass zukünftig nicht mehr Aufseherinnen die Strafen durchzuführen hätten, sondern Gefangene. Diese Maßnahmen gehörten zu denen, die Solidarisierungen unter den Gefangenen schwächen sollten. Gleichzeitig wurde untersagt, dass „arische" Frauen von „nichtarischen" Frauen geschlagen wurden, womit abermals die rassenideologischen Unterschiede betont wurden.[296] Die Prügelstrafe fand im unteren Teil des Bunkers in der Regel zweimal in der Woche statt. Anwesend waren der Lagerdirektor oder sein Stellvertreter, der Standortarzt, die Oberaufseherin sowie eine Inhaftierte, die die Schläge ausführen sollte. Die Frauen wurden während der extrem schmerzhaften Prozedur auf einem sogenannten Prügelbock festgeschnallt und ihnen wurde das Gesäß frei gemacht, sie mussten die Schläge laut mitzählen. Charlotte Müller, die in Ravensbrück inhaftiert war, berichtete, dass sie das Zählen aufgrund der heftigen Schmerzen einstellen musste.[297] Die Höchststrafe, die verhängt werden konnte, waren dreimal 25 Schläge, die im Abstand von wenigen Tagen ausgeführt werden konnten.[298] Während die Zeugin Epker angab, es seien zweimal in der Woche im Bunker die Prügelstrafen vollzogen worden, berichtet die Zeugin Sansom, dass sie nahezu jede Nacht hörte, wie Frauen geschlagen wurden und die Prügel mitzählen mussten.[299] Zu diesen offiziellen

---

294 WO 235/318, S. 85. Neeltje Epker, eine Belastungszeugin im ersten Ravensbrück-Prozess, wurde am 26. Mai 1909 in Den Haag geboren und war von Beruf Hebamme. Sie wurde am 12. März 1941 festgenommen, weil sie Eltern eines Neugeborenen den Vorschlag unterbreitete, es nach der Königin zu benennen. Nachdem sie im Gefängnis Svhevenjen inhaftiert war, wurde sie am 31. Oktober 1941 nach Ravensbrück überstellt. Sie musste mehrer Male eine Bunkerstrafe verbüßen und wurde oftmals brutal misshandelt. Sie überlebte auch das Jugendlager Uckermark. Vgl. dazu WO 235/318, S. 83.
295 Vgl. dazu Heike/Pflock, Strafen, S. 241-242.
296 Heike/Plock, Strafen, S. 242.
297 Vgl. dazu Heike/Pflock, Strafen, S. 242-243 und Drobisch/Wieland, System, S. 193-194. Dem Lagerkommandanten schien es offen zu stehen die Prozedur abzuwandeln. So beschrieb Hugo Gräf, der im Konzentrationslager Sachsenburg war, das von 1933-1937 existierte, dass ab 1935 die Häftlinge auf Befehl des Lagerkommandanten beim Hintreten an den Prügelbock das „Jägerlied" singen mussten und während des Schlagens alle drei Strophen des „Deutschlandliedes". Weigerte sich der Häftling oder war er nicht in der Lage zu singen oder das Lied zu Ende zu führen, wurden die Schläge so lange fortgesetzt, bis das Lied zu Ende war oder die Ohnmacht eintrat. Vgl. dazu Drobisch/Wieland, System, S. 193.194. Dies zeigt wie willkürlich die „geregelten" Strafen ausgelegt werden konnten.
298 Heike/Plock, Strafen, S. 242-243.
299 Vgl. Dazu WO 235/305, S. 299; WO 235/318, S. 86-87. Odette Sansom, ebenfalls eine Belastungszeugin im ersten Ravensbrück-Prozess, wurde am 16. April 1943 in Annecy in Frankreich als Mitglied der britischen Armee gefangen genommen. Sie verbrachte drei Wochen bei italieni-

Strafen kamen alltägliche Tyranneien und weitere Strafen, deren Verhängung sehr willkürlich vor sich ging. Sinnlose Schikanen wie z.b. stundenlanges Appellstehen und Misshandlungen von Seiten der Aufseherinnen waren ein wichtiges Moment der „Disziplinierung" im Lager.[300]

Epker gab an, dass es sieben offizielle Strafen im Lager gegeben habe: Essensentzug, Appellstehen, die Einweisung in den Strafblock, Haare abschneiden, zwei Vorderzähne ziehen, Aufenthalt im Bunker und die Stockschläge.[301] In der Regel wurde die Aufrechterhaltung der „Lagerdisziplin" oder der „Ordnung" zur Legitimierung der Misshandlungen angegeben und gleichfalls wurde, wie Bösel es tat, das schlechte Verhalten der Häftlinge als Begründung für das brutale Vorgehen des Lagerpersonals genannt.[302] Denn laut Vorschrift war jede Misshandlung und Schikane untersagt, war ein Häftling jedoch frech, faul und nachlässig, so war der Posten dazu aufgerufen, Meldung zu erstatten.[303]

Auch Greta Bösel erklärte während des Verhörs, dass es offiziell untersagt gewesen sei, Häftlinge zu schlagen. Man habe Meldung erstatten müssen, was sie nicht immer tat. Sie habe es mit Ohrfeigen „geregelt", was zum Besten der Gefangenen gewesen sei. Tatsächlich waren Meldungen gefürchtet. Die Zeitzeugin Buber-Neumann berichtete, dass die Meldungen ständig als Bedrohung über den Köpfen der Gefangenen schwebten. Für noch so kleine Vergehen wurden strenge Strafen ausgesprochen.[304]

„Meldung bedeutete entweder „Strafestehen mit Kostentzug" oder Dunkelarrest im „Bunker" oder „Strafblock" oder, was das grausigste war, fünfundzwanzig Stockhiebe. Für schlechten Bettenbau gab es gewöhnlich acht Tage entweder Mittag- oder Abendkostenzug oder Strafestehen."[305]

Viele Frauen schilderten weitere Strafen und immer neue Varianten. Welches Strafmaß nach welchem Vergehen angewendet wurde, unterlag offenkundig keinem durchschaubaren System und war abhängig von der jeweiligen Situation, der „Häftlingskategorie" und der strafausübenden Person.[306] Mit dieser Willkür und

---

schen Streitkräften und wurde dann an Deutschland ausgeliefert. Am 26. Juli 1944 kam sie nach Ravensbrück und blieb dort bis zum 20. April 1945 gefangen.

300 Leo, Ravensbrück, S. 488.

301 WO 235/318, S. 86.

302 Vgl. dazu WO 235/310, S. 22.

303 Vgl. dazu den Auszug aus der Dachauerlagerordnung in: Tuchel, Konzentrationslager, S. 144.

304 Vgl. dazu Heike/Pflock, Strafen, S. 243. Was als Vergehen bewertet wurde, lag ganz in der Hand des Personals. Manchmal konnte ein auf eine andere Art geknüpftes Halstuch Schläge bedeuten.

305 Buber-Neumann, Gefangene, S. 176.

306 Zur Häftlingsgesellschaft siehe u.a. Heike/Strebel, Häftlingsselbstverwaltung; Strebel, „Lagergesellschaft".

Unregelmäßigkeit beabsichtigte die SS die Verunsicherung und Verängstigung der Häftlinge, was auch gelang. So sagte Dziedziecka aus:

> „The staff of the camp was the scare of all the prisoners; whenever they appeared we were all dead scared; the appearance of any of them always meant to us that someone was going to be beaten, punished, or sent to the bunker. [...] and whenever they used to meet any prisoner who was handy they used to beat her and push her away. All the orders they used to give were never for our benefit or to improve our condition; they were aimed at deteriorating our conditions, both physically and mentally. [...] We were given fatal means of existence; we were overworked and we were treated worse than animals."[307]

Für viele der überarbeiteten, unterernährten und an Krankheiten leidenden Frauen hatten diese Strafen oftmals fatale Folgen.

Das Einsetzen von Kollektivstrafen war ebenfalls beliebt und führte auch dazu, die Solidarität unter den Frauen zu schwächen. Dziedziecka berichtete, dass die Frauen mit kollektiven Strafen zu rechnen hatten, wenn z.B. die Arbeitsleistung einer Gefangenen nicht gut genug war:

> „Then the whole section which was working together (I am talking now about the sowing department) was punished/afterwards the whole camp. If one person stopped the whole section of the department stopped and then the whole group could not carry out this task."[308]

Dabei bestand die Kollektivstrafe oftmals aus: „Standing to attention for many hours and also the taking away from food. [...] Some times they were made to forego one midday meal, sometimes for two or three days."[309]

Der Strafblock, den Greta Bösel erwähnte, war eine weitere Baracke auf dem Lagergelände Ravensbrücks, die durch einen Drahtzaun von dem übrigen Lager abgegrenzt war. Dorthin wurden Frauen verschleppt, die bereits mehrere andere Lagerstrafen hinter sich hatten oder besonders schwer bestraft werden sollten. Die Bedingungen waren in diesem Block, entgegen Greta Bösels Aussagen, noch grauenhafter als sie es in den übrigen ohnehin schon waren. Die Frauen mussten meist härtere Arbeiten bei noch geringeren Essensrationen übernehmen und waren häufig den Gewaltexzessen der SS-Aufseherinnen ausgesetzt. Es überrascht daher

---

307 WO 235/305, S. 139-140.
308 WO 235/305, S. 135.
309 WO 235/305, S. 135.

kaum, dass in dem Strafblock die Sterblichkeit höher war als in den übrigen Blöcken.[310]

Neben der Versetzung in den Strafblock, stellte der Bunkerarrest eine sehr gefürchtete Strafe unter den Frauen dar. [311] Die Frauen hatten im Bunker mit einer verschärften Haft zu rechnen, häufig mit Dunkelarrest in Kombination mit Kost- und Deckenentzug, außerdem waren sie den Schikanen des Bewachungspersonals noch ungeschützter ausgesetzt. [312] Auch die Zeugin Sansom beschreibt die schlimmen Zustände im Bunker. Sie habe drei Monate und eine Woche im Bunker verbringen müssen. Ihre Zelle war sehr klein und schlecht ausgestattet: „It was a small room of about ten feet by six, very dark and in it I had a wooden bunk with some straw; two rugs, the usual table against the wall and a wooden stool."[313] Zu essen habe es nur wenig gegeben – am Morgen etwas Ersatzkaffee und ein kleines Stück Brot, gegen elf etwas kalte Suppe und am Nachmittag Kaffee oder Tee.[314] Dies habe sie ca. fünf Wochen bekommen und dann habe man ihr eine Woche kein Essen mehr gegeben, Wasser habe sie in der Zelle gehabt. Als sie nach dem Grund für diese Behandlung fragte, sagte man ihr, es geschähe aufgrund von Befehlen. Wie vielseitig die Misshandlung der Häftlinge war, offenbart die Schilderung Sansoms, dass mitten im August in ihrer Zelle die Heizung voll aufgedreht wurde und sie drei Tage dieser Strafe ausgesetzt war.[315]

Bei Paraden oder Selektionen mussten die Frauen ebenfalls brutale Gewalt über sich ergehen lassen. Während Bösel berichtete, keine kranken Frauen und ansonsten nur der Ordnung halber geschlagen zu haben, beschrieb die Zeugin Hand Bösels Verhalten ganz anders:

> „[…] she made terrible scenes in the camp street. Without taking any cognizance of the fact whether the women were ill or old or weak she beat them to their work. There were often terrible scences when after the working parade she brought one or two women into the office of the Labour Departement, either so that Pflaum could beat them or else to make them stand as punishment outside. […] Very often whe[n] she brought those one or two women into the Labour Department office we drew her attention to the fact that there was no point forcing women in that condition to go to work. She either did not react at all or said: 'This does not matter at all. Let them perish if they cannot work'."[316]

---

310 Vgl. dazu Herzog/Strebel, Frauenkonzentrationslager, S. 15.
311 Vgl. dazu Strebel, KZ, S. 15.
312 Vgl. dazu Heike/Pflock, Strafen, S. 243-244.
313 WO 235/305, S. 294.
314 WO 235/305, S. 295.
315 WO 235/305, S. 295.
316 WO 235/306, S. 22-23.

Hand berichtete weiter, dass dies keine Ausnahme war, sondern sich Bösel bei jeder Parade ähnlich verhielt. Außerdem sei Bösel laut Dziedzieckas Aussagen sehr aktiv bei den Selektionen gewesen.[317]
Dabei beschrieben ehemalige Häftlinge das Verhalten vieler Aufseherinnen als anfänglich eher schüchtern. Doch hätten sich die meisten nach ca. 14 Tagen verändert, eine besondere „Aufseherinnenmoral und -mentalität" angenommen und sich den üblichen Verhaltensweisen angepasst und seien äußerst brutal geworden.[318] Auch Bösel habe sich ähnlich verhalten. „After a very short time, that is to say, not during the first 14 days but very shortly afterwards, she made terrible scenes in the camp street.", bestätigte Hand.[319] So schlossen die inhaftierten Frauen makabere Wetten ab, sobald eine neue Aufseherin kam, wie lange es bräuchte, bis sie wie die anderen war und zu einer „Aufseherin" wurde.[320]

Besonders in diesem letzten Punkt werden die kontroversen Aussagen und Auslegungen der Taten Greta Bösels während des Prozesses deutlich. Ferner kann als Resultat des III. Kapitels zusammengefasst werden, dass Greta Bösels Aussagen – über die Bedingungen, die Häftlingszahlen, die Behandlung der Häftlinge und das ausgeführte Strafsystem in Ravensbrück – in vielen Punkten mit den Forschungsergebnissen und den Aussagen der Zeuginnen nicht übereinstimmen. Dies wurde bereits zu Beginn vermutet, als davon ausgegangen wurde, dass Greta Bösel und ihrem Anwalt daran gelegen war, ein möglichst positives Bild von ihrer Tätigkeit in Ravensbrück zu zeichnen, während die Anklage ihre Schuld an den Verbrechen nachweisen wollte. Als aktiv Konstruierende des Bildes von Greta Bösels Täterschaft, traten, gemäß ihren Rollen während des Prozesses, der Hauptankläger Steward, die Angeklagte selbst und ihr Verteidiger auf. Wie dieses Bild ausfiel und mit welchen Strategien daran gearbeitet wurde, wird im folgenden Kapitel untersucht.

---

317 Vgl. dazu WO 235/305, S. 138.
318 Vgl. dazu Arndt, Frauenkonzentrationslager, S. 135.
319 WO 235/306, S. 22.
320 Vgl. dazu Leo, Ravensbrück, S. 497.

IV. Strategien der Be- und Entschuldung Greta Bösels im ersten Ravensbrück-Prozess

Die Bewertung von Täterschaft korrespondiert in der Regel mit stereotypen Täterschaftsbildern. Bevor auf die im vorliegenden Fall sowohl der Entschuldungsstrategie der Verteidigung als auch der Beschuldungsstrategie der Anklage inhärenten Täterschaftsbilder eingegangen werden kann, ist es erforderlich, auf gängige Täterschaftsbilder einzugehen, insbesondere auf stereotype Bilder die NS-Täterschaft von Frauen betreffend. Dies verlangt ferner, die diesen Bildern immanenten Vorstellungen von „Weiblichkeit" näher zu betrachten. Es soll anknüpfend an die Ausgangsthese gefragt werden, ob die Verurteilung von Frauen von geschlechtsspezifischen Moralvorstellungen und stereotypen Rollenerwartungen geprägt war.[321]

1. Die Anklage: Die Rekonstruktion von Greta Bösels Schuld

1.1 Täterschaftsbilder zur Bewertung von NS-Täterschaft

In Ansätzen der kritischen Kriminologie wird Kriminalität als ein sozial definiertes Phänomen begriffen, das erst durch die Benennung, Segregation und Hervorhebung zum dem wird, als das es wahrgenommen wird. Kriminalität wird als Abweichung von der Normalität definiert, d.h., dass Normalität durch das konstitutive Wechselverhältnis zur Kriminalität entsteht, wer normal ist, ist nicht kriminell. Es existiert die Konstruktion einer „männlichen" und einer „weiblichen" Kriminalität, die Bausteine der gesellschaftlichen Ordnung darstellen und eng mit den geschlechtsspezifischen Normalitätserwartungen verbunden sind.[322] Frauen werden in der Regel andere Delikttypen zugesprochen als Männern. Während Delikttypen ohne außerordentliche Anwendung von Gewalt, wie z.B. Ladendiebstahl oder Betrug, vielmehr Frauen zugesprochen werden, werden Männern eher Delikttypen wie Mord und Totschlag zugeschrieben.[323] Im Weiteren wird bei Frauen, die ein Verbrechen begangen haben, in der Regel keine eigenständige, sondern eine kollektive, eine zuarbeitende Tatausführung vorausgesetzt.[324] Es ist anzunehmen, dass ähnliche Zuschreibungen die Darstellung und Bewertung der NS-Täterschaft von Frauen auch im frühen Täterschafsdiskurs beeinflussten, da derartige Mutmaßungen auf eine lange Tradition von Geschlechterrollenerwartungen und -vorstellungen zurückgehen.

Gespaltene Frauenbilder stellen ein altes Phänomen dar, kommen in diversen Darstellungen zum Ausdruck und liegen oftmals der Bewertung der Täterschaft von Frauen zugrunde. Typische Beispiele sind die Polarisierung von Ehefrau und Ge-

321 Vgl. dazu Meyer, Frau, S. 120.
322 Vgl. dazu Kretzer, Job, S. 134-135; Gransee/Stammermann, Kriminalität, S. 18-25.
323 Vgl. dazu Kretzer, Law, S. 125.
324 Kretzer, Law, S. 125 und vgl. hierzu Gransee/Stammermann, Kriminalität, S. 47ff.

liebter, Mutter und Hure, Heiliger und Sünderin und entsprechen somit auch den Allegorien in der christlichen Kunst.[325] Derartige Komplementärvorstellung basieren auf einer Ambivalenz vermeintlich typisch weiblicher Wesenszüge. Beide Seiten dieser konstruierten „Weiblichkeit" können nur im stetigen Bezug aufeinander existieren.[326] Somit basiert das traditionelle Frauenbild auf einer dichotomen Weiblichkeitskonstruktion und definiert den „normalen" Charakter einer Frau als gut und setzt ihn in der Regel mit Sanftmut, Reinheit, gutmütigen und liebevollen Gefühlen bzw. Muttergefühlen gleich.[327] Gewaltbereitschaft und Gewaltausübung lassen sich schwerlich mit einer derartigen Vorstellung von „Weiblichkeit" vereinen und so konstatiert Cramer, dass sich auch in der Behandlung bzw. Darstellung und Beurteilung angeklagter Männer und Frauen in NS-Prozessen durch Gerichte, Zeugen und Zeuginnen, aber auch Zuschauer und Zuschauerinnen signifikante Unterschiede erkennen lassen, die auf erhebliche Schwierigkeiten der Zeitgenossen hinweisen, die in den Prozessen dargestellten Gewaltexzesse mit dem traditionellen Frauenbild in Einklang zu bringen.[328]

Die alliierten Strafprozesse machten das verbrecherische Handeln in Konzentrationslagern auch von Frauen bekannt. In der Darstellung der NS-Täterschaft von Frauen dominierten Bilder extremer Grausamkeit und Brutalität. Somit stand sie nicht nur im Gegensatz zur geschlechtsspezifischen Rollenerwartung, sondern auch im Gegensatz zur generellen Marginalisierung und stach besonders hervor, erstaunte und erschütterte.[329] Das Auftauchen des NS-Täterschaftstypus von Frauen war gekennzeichnet durch Skandalisierung, Dämonisierung und Pathologisierung und äußerte sich in Bildern von der „brutalen und sadistischen NS-Bestie".[330] In der Forschung hat sich inzwischen die Einsicht durchgesetzt, dass das Verhalten von Aufseherinnen keinesfalls geschlechtsspezifisch motiviert war, jedoch oftmals so wahrgenommen wurde.[331] Derartige Charakterisierungen erfüllten zum einen den Zweck der Distanzierung von diesen Frauen und ermöglichten, ähnlich wie die Dämonisierung der NS-Täter, die Definition des „Normalen" und „Unnormalen", des Schuldigen und Unschuldigen.

Eschebach stellt fest, dass gespaltene Frauenbilder feste Bestandteile von Anklageschriften und Urteilen ostdeutscher Gerichte gegen weibliches SS-Personal waren,

---

325 Vgl. dazu Eschebach, Frauenbilder, S. 98.
326 Eschebach, Frauenbilder, S. 98.
327 Vgl. dazu Eschebach, Frauenbilder, S. 98; Cramer, Farce S. 211 und Knapp, Konstruktion.
328 Cramer, Farce, S. 211.
329 Vgl. dazu Kretzer, Job, S. 134.
330 Vgl. dazu Duesterberg, Umkehr, S. 234; Kretzer, Job, S. 134; Cramer, Farce, S. 215; Kretzer, Law, S. 125; Eschebach, Frauenbilder, S. 105-107.
331 Auch in Darstellungen z.B. zum Majdanek-Prozess oder zu einzelnen Aufseherinnen, z.B. die populärwissenschaftlichen Arbeiten von Brown, Beast und Keen, Gesichter, basieren immer noch auf geschlechtsstereotypen Annahmen. Es kann als Verdienst der Frauenforschung angesehen werden, dass sich eine reflektierte Betrachtung, zumindest das „weibliche SS-Gefolge" betreffend, durchsetzen konnte.

da der juristische Diskurs der Nachkriegszeit zur Deutung der NS-Täterschaft von Frauen das Modell dichotomer Weiblichkeitskonstruktionen aktualisierte und im Rahmen von Urteilsbegründungen auch reproduzierte und festigte.[332] Doch nicht nur in ihren Untersuchungen tritt die Ambivalenz des Diskurses über das „Wesen der Frau" offen zu Tage. In vielen Strafverfahren war dies der Fall und fand z.B. Ausdruck in dem Negativbild der Anklage und in einem Positivbild der Verteidigung. So bewegte sich auch die Darstellung der Täterschaft von Frauen in NS-Prozessen oftmals zwischen der Normalitätserwartung genuiner, nicht-verbrecherischer, idealisierter „Weiblichkeit" und dem abweichenden skandalösen Bild der „Bestie", der „KZ-Megäre".[333]

Die NS-Täterschaft von Männern galt als Orientierung, an der sich die NS-Täterschaft von Frauen oftmals messen lassen musste. Entscheidend war, dass die Täterschaft von Männern rationalisierbar erschien, es konsensfähige Erklärungsansätze gab, zumal für militärisch bedingte Gewalt. Handelten Frauen ebenso, so wichen sie von der Norm ab und wurden als besonders brutal empfunden, da in ihrer vermeintlichen Natur andere Wesenszüge verankert seien, sie handelten letztlich deviant.[334] Derartig stereotypisierte Bilder der Täterschaft von Frauen manifestierten Vorstellungen spezifisch „weiblicher" Kriminalität und definierten damit auch „weibliche" Normalität.[335]

In vielen NS-Prozessen gegen weibliche Angeklagte wurde der Vergleich zur NS-Täterschaft von Männern bemüht. Viele ZeugInnen sagten aus, die Angeklagte habe sich wie ein Mann benommen oder sei nicht besser als ein Mann gewesen.[336] Definiert wurde dieses „männliche" Verhalten als besonders grausam, brutal und sadistisch. So erschienen die Täter, wie bereits erwähnt, als dämonische Führungspersonen, kriminelle Exzesstäter, als sadistische oder psychopatische Massenmörder.[337] In Erinnerungsberichten weiblicher Überlebender wird das Verhalten der SS-Frauen ebenso häufig als besonders grausam, maßlos und exzessiv dargestellt, mit dem vergleichenden Verweis auf das Verhalten der Täter. „Weibliche" Täterschaft wurde als abnormal, als „unweiblich" hervorgehoben und nicht selten einer vermeintlichen Normalität der „weiblichen Wesenhaftigkeit" gegenübergestellt. Das normative Ideal von „Weiblichkeit" setzt mitleidende Fürsorglichkeit voraus, während in Berichten von Überlebenden SS-Frauen oftmals mit Bildern archaischer Unheimlichkeit, verachtenswerter Hässlichkeit oder dämonischer, heimtückischer Wildheit beschrieben werden.[338]

---

332 Vgl. dazu Eschebach, Frauenbilder, S. 98.
333 Vgl. dazu Kretzer, Job, S. 136; Eschebach, Frauenbilder, S. 103-104; Cramer, Farce, S. 214-215.
334 Vgl. dazu Kretzer, Law, S. 128 und Duesterberg, Umkehr, S. 233-234.
335 Vgl. Kretzer, Job, S. 134 und Gransee/Stammermann, Kriminalität, S. 18.
336 Bock, Frauen, S. 152-153.
337 Vgl. dazu Wildt, Generation, S. 14-15; Kogon, SS-Staat, S. 290-291; Paul, Psychopathen, S. 15-17.
338 Vgl. Haag, Staub, S. 124 f. und Kretzer, Job, S. 135-136.

Die Angeklagte, die dem Typus des Unmenschen zugeordnet wird, die die Geschlechterordnung durchquert, gehört nicht mehr der Menschengattung an, vielmehr kann sie mit einem Tier, mit einer Bestie verglichen werden. Der Rekurs auf das Tierreich und auf die Natur ist aus der Geschichte der Weiblichkeitskonstruktionen hinlänglich bekannt. Frauen glichen angeblich einem gefährlichen Tier und seien kaum imstande, ihre Triebhaftigkeit zu zügeln. Urteils- und Anklagschriften würden immer wieder auf derartige Stereotype rekurrieren und daher sei auch immer wieder von den „niederen Instinkten", dem „niedrigen Charakter" der Angeklagten die Rede.[339]

In den von Eschebach aufgezeigten Fällen stehen die Gefühle der angeklagten Frauen – sadistische Gelüste, Vergnügen, eine Vorliebe für die SS haben oder für einen Offizier schwärmen – im Vordergrund. Die Bezugnahme auf das vermeintliche Gefühlsleben der Angeklagten erschien in vielen Fällen als opportuner Erklärungsansatz für die NS-Täterschaft von Frauen.[340] Derartige Beschuldigungskategorien basierten häufig auf der Annahme, dass das Handeln von Frauen im öffentlichen Raum auf private Motive bzw. charakterliche Dispositionen zurückzuführen sei, und es kamen Deutungen zum Tragen, die nicht selten von einer kognitiven und moralischen Inferiorität und der sexuellen Triebhaftigkeit von Frauen ausgingen, um Wesenszüge wie Grausamkeit, Rachsucht und Hinterhältigkeit zu belegen.[341] So standen in Verfahren gegen weibliche Angeklagte weniger die komplexen Motivlagen und die Handlungen der Frauen im Vordergrund, genauso wenig das Zusammenspiel der Einzelbeteiligung und der institutionellen Gewalt. Vielmehr dominierte bei der Herleitung und Begründung dieser Taten der Bezug auf die persönliche und private Sphäre.[342] Die Argumentation der Anklage bediente sich dabei häufig nicht der Vorstellung vom „fraulichen und hilfsbereiten Wesen", sondern nutzte die Umkehrung der vermeintlich genuinen weiblichen Unschuld, woraus mitunter gefolgert wurde, dass es sich bei den Angeklagten kaum mehr um Frauen handeln könne, ihnen wurde kurzerhand die „Weiblichkeit" abgesprochen. So fielen wiederholt in den von Eschebach untersuchten Prozessen die Bezeichnungen „Mannweib"[343]; andere weibliche Angeklagte wurden als „Dragoner" bezeichnet

---

339 Eschebach, Frauenbilder, S. 106.
340 Eschebach, Frauenbilder, S. 102.
341 Vgl. dazu Gransee/Stammermann, Kriminalität, S. 47ff.; Kretzer, Law, S. 125 und Duesterberg, Umkehr, S. 227.
342 Eschebach, Frauenbilder, S. 95-96.
343 Der Begriff „Mannweib" enthält selbst die Grenzverletzung auf dem Feld der tradierten Geschlechternormen. Laut Eschebach drücke dieser Begriff die Schrecken aus, den der Einsatz von Frauen in traditionellen Männerberufen seit der Jahrhundertwende und vermehrt im Ersten Weltkrieg ausgelöst habe. Die Angst vor Arbeitslosigkeit nach dem Ersten Weltkrieg, die Angst, durch Frauen in der männlichen Domäne bedroht zu sein, die verbreiteten Vorstellungen, Frauen könnten durch „harte Männerarbeit" unfruchtbar, gebärunfähig gemacht werden, die Angst, Frauen könnten durch Berufstätigkeit an Selbstständigkeit dazu gewinnen, war sehr verbreitet. Frauen in Uniformen, z.B. Schaffnerinnen oder Straßenbahnfahrerinnen, avancierten zum Leitbild dieser Angstphantasien. Vgl. dazu Eschebach, Frauenbilder, S. 109.

oder es war die Rede vom „Typus des Unmenschen".[344] Ähnlich verlief es im Fall Irma Grese, der für erhebliche Irritation sorgte. Die ihr nachgewiesenen Verbrechen demontierten die gängige Vorstellung, der weibliche Charakter sei von der äußeren Erscheinung ableitbar. Demzufolge war Schönheit – und sie wird in vielen Berichten als physisch schön bezeichnet – nicht in Einklang zu bringen mit derartiger Brutalität.[345]

Wie in ihrem Fall spielten Äußerlichkeiten bei angeklagten NS-Täterinnen eine erhebliche Rolle. Ob zur Ent- oder Beschuldung, man glaubte oftmals in ihrer Erscheinung, ihrer Kleidung oder ihrem Habitus, Ansatzpunkte als auch Beweise für das jeweilige Vorhaben zu finden. Für die Beschuldungskategorien stellte die Uniform einen wichtigen Ansatzpunkt dar. Bis heute prägt gerade die Uniform das Bild vom weiblichen SS-Personal und fand gleichfalls in vielen juristischen Texten der Nachkriegszeit Erwähnung. So heißt es in einem Urteil, die Angeklagte habe sich „in ihrer Uniform sehr schön gefunden".[346] Das Tragen einer militärischen Uniform von Frauen wurde offenkundig als irritierend wahrgenommen. Die Abnormität dieser Angeklagten fand demzufolge auch in ihrer Kleidung Ausdruck. Zurückzuführen ist diese Irritation auf die Wahrnehmung, dass eine Frau in militärischer Uniform einen zivilisationsgeschichtlichen Widerspruch darstellt und ganz offenkundig liegt in diesen Fällen auch eine wahrgenommene Rollenüberschreitung vor.[347]

Die Berichterstattung über NS-Prozesse liefert ein besonders eindrückliches Bild angewandter Täterschaftsbilder und prägte zudem mit ihrer Wahrnehmung und Repräsentation der Angeklagten das Täterschaftsbild in der damaligen deutschen Öffentlichkeit.[348]

NS-Täter wurden in britischen und amerikanisch lizenzierten Zeitungen[349] häufig mit Ungeheuern oder Tieren gleichgesetzt; es wurde ein Bild der NS-Elite entworfen, das eine dämonisch-psychopathische Sondergruppe beschrieb, so Wilke.[350] Den Angeklagten wurde ein Krankheitsbild attestiert, das Psychopathen, Hysteriker, Süchtige und Perverse umfasste. Der Nationalsozialismus wurde als Nährbo-

---

344 Vgl. dazu auch Cramer, Farce, S. 211-212.
345 Vgl. Taake, SS-Frauen zu Irma Grese, S. 50-66 und S. 118. Foto, S. 50. Irma Grese meldete sich freiwillig zum Dienst als Aufseherin und war in knapp drei Jahren in drei Konzentrationslagern tätig. Sie wurde im Bergen-Belsen-Prozess zum Tode durch den Strang verurteilt. Vgl. auch Cramer, Farce, S. 211-212.
346 Vgl. dazu Eschebach, Frauenbilder, S. 111.
347 Vgl. dazu Eschebach, Frauenbilder, S. 110. Das Bild der bewaffneten Frau, der Frau in militärischer Uniform ist ein Schreckensbild und stellt auch einen prominenten Bestandteil von Feindbildkonstruktionen dar. Als „Flintenweiber" geistern derartige Bilder durch die Freikorpsliteratur und die Landserromane der beiden Weltkriege. „Flintenweiber" wurden als grausame Furien entsponnen. Vgl. dazu Eschebach, Frauenbilder, S. 111.
348 Vgl. dazu Kretzer, Job, S. 134ff.
349 Z.B. Frankfurter Rundschau, Nürnberger Nachrichten, Tagesspiegel und der Süddeutschen Zeitung, vgl. dazu Bartlitz, Ganoven, S. 79.
350 Vgl. Wilke/Schenk/Cohen/Zemach, Holocaust, S. 103.

den allen Krankens dargestellt, der jedoch nur von einer kleinen Gruppe „Irrer" getragen wurde.[351]

Auch die Berichterstattung zum Majdanek-Prozess[352] forcierte eine Stereotypisierung der Kriminalität der Angeklagten, indem sie als krankhaft, rachsüchtig, von fremden Mächten und den eigenen niederen Beweggründen getrieben dargestellt wurden, wie Kretzer feststellt. Durch diese Darstellung – ein Konglomerat aus mystifizierenden und pathologisierenden Bildern – wurden die Taten der Täterinnen nachvollziehbar.[353] Das Bild „ganz normaler Frauen" deckte sich nicht mit den Erwartungen, die in NS-Täterinnen abnormale Individuen sehen wollten.[354]

In der Presse wurden besonders die Täterinnen erwähnt, die den Geschmack des Publikums trafen, so Friedrich.[355] Ilse Koch gehörte dazu, genauso wie Carmen Mory, Hertha Oberheuser oder Sylvia Salvequart. Diese bedienten durch die Darstellung ihres Auftretens, ihrer Taten und ihrer Kleidung die vorherrschenden weiblichen Täterschaftsbilder. Sie wurden als die Furien, Bestien und Monstren dargestellt, die den Vorstellungen der Öffentlichkeit entsprachen.[356] Die Auseinandersetzung mit Carmen Morys Täterschaft nahm in der Berichterstattung einen erheblichen Platz ein.[357] Sie war die „Frau im Pelz", wurde zur „Mata Hari des Zweiten Weltkrieges" stilisiert und mit dem Teufel gleichgesetzt.[358]

So hat sich in der westdeutschen Vergangenheitsaufarbeitung ein „Gruselkabinett" an Vorstellungen nicht nur von „männlicher" NS-Täterschaft, sondern auch spezifisch „weiblicher" NS-Täterschaft etabliert.[359]

1.2 Die Anklageschrift und die Herleitung der NS-Täterschaft von Männern und Frauen

Ob bereits bei der Rekonstruktion der Hauptschuld an den begangenen Kriegsverbrechen eine geschlechtsspezifische Einordnung einsetzte, sich diese gegebenenfalls in der Anklageschrift des ersten Ravensbrück-Prozesses fortsetzte und demzufolge eine unterschiedliche Herleitung der NS-Schuld von Männern und Frauen nach sich zog, soll an dieser Stelle untersucht werden. Denn die Anklageschrift stellt die Grundlage der Beurteilung Greta Bösels Täterschaft durch die An-

---

351 Vgl. dazu u.a. Wilke/Schenk/Cohen/Zemach, Holocaust, S. 103 und Bartlitz, Ganoven, S. 79.

352 Der Majdanek-Prozess wurde vom 1975 bis 1981 gegen 17 ehemalige „SS-Angehörige" des KZ Majdanek in Düsseldorf abgehalten. Vgl. dazu auch Müller-Münch, Frauen.

353 Kretzer, Job, S. 134.

354 Kretzer, Job, S. 146; vgl. dazu Eschebach, Frauenbilder, S. 104.

355 Friedrich, Amnestie, S. 129.

356 Vgl. dazu auch Müller-Münch, Frauen, S. 19 und Kretzer, Job, S. 141 und S. 135.

357 Carmen Mory wurde ebenfalls im ersten Ravensbrück-Prozess angeklagt und zum Tode verurteilt.

358 Vgl. dazu Kretzer, Law, S. 135.

359 Kretzer, Job, S. 137-139.

klage dar. Hierbei werde ich mich, neben mir vorliegender Quelle, im Wesentlichen auf die Untersuchungsergebnisse Kretzers und Duesterbergs stützen.[360] Vor alliierten Militärgerichten sollten zunächst die Führungseliten zur Verantwortung gezogen werden. Zu ihnen wurden Träger oberster militärischer Dienstränge gezählt, zivile Führungskräfte und die Repräsentanten des NS-Staates.[361] Die Hauptschuld an den begangenen Kriegsverbrechen wurde folglich überwiegend an formalen Kriterien wie Rang und Status und der formellen Eingebundenheit in nationalsozialistische Organisationen festgemacht. Hierbei wurde der Logik militärischer Rangordnungen sowie sozialer und symbolisch-kultureller Hierarchien gefolgt. Die justitielle Definition von Verbrechen war demzufolge an Handlungsspielräume und Machtstrukturen gebunden, die männlich dominiert waren und demzufolge vornehmlich dem männlichen Geschlecht zugeschrieben wurden.[362] Auf welcher Grundlage wurden jedoch die beschuldigten Frauen angeklagt?

Von den britischen Ermittlungsbehörden wurden Frauen zunächst nicht anders als die Hauptkriegsverbrecher behandelt, was auch in der bereits erwähnten Anklageerhebung deutlich wurde.[363] Ihre Verhaftung erfolgte, wie die der Hauptkriegsverbrecher, aufgrund ihrer Funktion innerhalb eines Konzentrationslagers und der Identifizierung, Teil des „staff" gewesen zu sein. Diesem Ansatz war die Annahme inhärent, dass alle beschuldigten Frauen als „staff"-Mitglieder regulärer Teil der SS waren und „S.S. women" auch innerhalb der SS einen militärischen Rang bekleiden konnten.[364] Darüber hinaus implizierte diese Kollektivbezeichnung, Frauen habe die Möglichkeit offen gestanden, offiziell zum Leitungspersonal eines Konzentrationslagers zu gehören und Führungspositionen innerhalb der äußeren Lagerverwaltung besetzen zu können.[365] Darauf basierte die Praxis, die angeklagten Frauen des ersten Ravensbrück-Prozesses als potentielle „War Criminals" einzustufen und aufgrund formaler Kriterien und automatischer Haftgründe festzunehmen.[366]

---

360 Kretzer, Law und Duesterberg, Umkehr.
361 Kretzer, Law, S. 131.
362 Kretzer, Law, S. 131.
363 Vgl. dazu WO 235/305, S. 1-2.
364 Vgl. dazu Kretzer, Law, S. 129-133.
365 Vgl. dazu Kretzer, Law, S. 131 und zur Problematik des „weiblichen SS-Gefolges" Strebel, KZ, S. 66; Heike, Bewachung, S. 224; Leo, Ravensbrück, S. 496 und Schwarz, Täterinnen, S. 198. Wie sich bereits herausgestellt hat, konnten Frauen innerhalb des Konzentrationslagersystems offiziell nicht zur Lagerverwaltung gehören. Gleichzeitig konnte darauf verwiesen werden, dass es durchaus Fälle gab, in denen Aufseherinnen Positionen mit umfangreichen Machtbefugnissen einnahmen und in der Lage waren diese auszubauen. An dieser Stelle wird das Deutungsproblem offenkundig, da man einerseits nicht sagen kann, ihnen habe die Möglichkeit offen gestanden, formal hochrangige Positionen einzunehmen, andererseits gab es durchaus Fälle, in denen Frauen machtvolle Positionen bekleideten.
366 Vgl. dazu Wember, Umerziehung, S. 38-42. Welche Personen unter die automatische Arrestkategorie fielen, ist bei Wember, Umerziehung, S. 36-37 nachzulesen. Vgl. auch Reichel, Vergangenheitsbewältigung, S. 30-31.

In der Eröffnungsrede des ersten Ravensbrück-Prozesses unterstrich Steward, dass die Angeklagten als „staff members" im Kollektiv für die begangenen Verbrechen im Konzentrationslager Ravensbrück verantwortlich seien und betonte damit auch die Homogenität der Angeklagten und die Gleichwertigkeit ihrer Schuld.[367] Die Angeklagten hatten demzufolge nicht nur für ihre persönlichen Verbrechen geradezustehen, sondern mussten dies auch im Kollektiv des „staff" tun.[368] Einzelne Verbrechen seien daher nur „examples of the behavior of the accused generally", denn es liege der Anscheinsbeweis vor.[369] Die Anklage nutzte somit auf konsequente Weise die Verfahrensweise des prima facies – des Anscheinsbeweises, der eine Methode der mittelbaren Beweisführung darstellt. Hierbei ist es erlaubt, gestützt auf Erfahrungssätze, Schlüsse von bewiesenen auf zu beweisende Taten zu beziehen.[370] Im ersten Ravensbrück-Prozess wurde somit davon ausgegangen, dass ein Zusammenhang zwischen SS-Zugehörigkeit und der Diensttätigkeit im Frauenkonzentrationslager Ravensbrück gegeben war und dies wiederum im Zusammenhang mit den in Ravensbrück begangenen Verbrechen stand. Allen Mitgliedern des Konzentrationslagerpersonals wurde gemeinschaftlich die Verantwortlichkeit für die dort begangenen Verbrechen zur Last gelegt. Steward ging bei seiner Eröffnungsrede ausführlich auf die Zustände in Ravensbrück ein. Auf die Seuchen, die auf mangelnde Hygiene und fehlende Sanitäranlagen zurückzuführen waren, auf die unzureichende Verpflegung, die schlechte Kleidung und die harte Arbeit, auf die Misshandlungen und die Gaskammerselektionen. Diese Umstände und die damit verbundenen Verbrechen wurden dem Konzentrationslagerpersonal vorgehalten.[371] Kernstück der Anklage war somit das juristische Konstrukt des „Common Design", also der Vorwurf des gemeinsam begangenen Verbrechens. Nach angelsächsischem Recht musste die Anklage den Nachweis erbringen, dass zwei oder mehrere Personen übereinstimmend eine unrechtmäßige Tat begangen haben, um diesen gemeinschaftlichen Tatbestand geltend zu machen. Für die Richter des ersten Ravensbrück-Prozesses schien dieser Sachverhalt als bewiesen.[372] Für diesen Tatbestand war es unwesentlich, wie die individuelle Einflussnahme aussah, dadurch wurde die Mittäterschaft begründet.[373] Für das Strafmaß indessen war es ausschlaggebend und die individuelle Tatverantwortung und Beteiligung an diesen Verbrechen wurden von der Anklage ganz anders interpretiert als von der Verteidigung, was Steward im Verhör mit Bösel immer wieder betonte.[374]

---

367 Vgl. dazu Kretzer, Law, S. 123 und 131, WO 235/305, S. 1-2.
368 Kretzer, Law, S. 129.
369 WO 235/305, S. 42. Vgl. dazu Kretzer, Law, S. 129-130 und Duesterberg, Umkehr, S. 231.
370 Müller, Anscheinsbeweis, S. 24ff.
371 Vgl. dazu Taake, SS-Frauen, S. 72.
372 Vgl. dazu Duesterberg, Umkehr, S. 232.
373 Vgl. dazu Kretzer, Law, S. 129-130 und Duesterberg, Umkehr, S. 232.
374 Duesterberg, Umkehr, S. 231. Vgl. dazu auch WO 235/306, S. 204.

Das Vorliegen eines Befehls sollte keine entlastenden, sondern lediglich schuldmindernde Effekte haben.[375] Auch der Judge Advocate riet dem Gericht, die Behauptung eines Befehlsnotstandes zur Entlastung der Angeklagten nicht gelten zu lassen, und entwertete somit wichtige Argumente der Verteidigung vor Gericht.[376] Diese Praxis muss vor dem Hintergrund der zuvor veröffentlichten Bilder der nationalsozialistischen Konzentrationslager gesehen werden. Die Öffentlichkeit wurde mit den unvorstellbaren Verhältnissen in den Konzentrationslagern konfrontiert, indem Bilder von Leichenbergen veröffentlicht wurden und der Film „Nazi Concentration Camps" erstmals kurz zuvor im Nürnberger Prozess zur Vorführung kam. Man wollte sicher gehen, dass derartige Verbrechen eine Ahndung erfuhren und gleichzeitig war man sich bewusst, dass hier ein Verbrechen vorlag, das Bisheriges übertraf.[377]

Kretzer stellt fest, dass diese anfänglich egalisierend wirkende strafrechtliche Vorstellung von Täterschaft und Schuld bei näherem Hinschauen keinen Bestand hatte. Zwar stellte Steward die Beteiligungsformen der einzelnen Angeklagten explizit gleich, indem er resümierte, dass alle Angeklagten „were each in his or her special job who ran the place."[378] Kretzer bemerkt jedoch, dass „his special job" in den meisten Fällen ein anderer war als „her special job". Die männlichen Angeklagten waren Repräsentanten der Lagerführung und des leitenden SS-, Gestapo- und Bewachungspersonals, während sich unter den angeklagten SS-Aufseherinnen, eine SS-Krankenschwester und Anweisungshäftlinge aus dem inneren Lagerdienst befanden.[379] Daraus ergab sich ein unterschiedliches Profil der Angeklagten. Wenn Frauen als Major War Criminals angeklagt und verurteilt wurden, was, wie bereits zu Anfang bemerkt wurde, eine Ausnahme war, hatten sie in vielen Fällen unmittelbar misshandelt und gemordet, während die angeklagten Männer in der Regel aus den legislativen, administrativen, ökonomischen, kulturellen oder ideologischen Handlungsfeldern kamen. Somit wurde die Schuld der Hauptkriegsverbrecherinnen anders ermittelt als die der Hauptkriegsverbrecher.[380] Bei den männlichen Angeklagten wurde die Schuld eher anhand ihrer Funktionen im Vernichtungsapparat rekonstruiert. Grausamkeit und Brutalität stellten bei den männlichen Angeklagten Punkte dar, die formal die nachgewiesene Hauptschuld unterstrichen, als dass sie einen konkreten Anklagepunkt ausmachten.[381]

Die Hauptschuld der angeklagten Frauen im ersten Ravensbrück-Prozess wurde in der Regel aus ihrer unmittelbaren und ausführenden Beteiligung im Verfolgungsapparat oder bei Massenmorden geschlossen, da ihre Hauptschuld nicht mit dem

---

375 Kretzer, Law, S. 129-130 und vgl. dazu auch Duesterberg, Umkehr, S. 231-232.
376 Vgl. hierzu Cramer, Farce, S. 209.
377 Vgl. dazu Cramer, Farce, S. 124.
378 Vgl. dazu WO 235/305, S. 56.
379 Kretzer, Job, S. 138.
380 Vgl. dazu Kretzer, Law, S. 130, vgl. dazu auch Meyer, Frau, S. 125.
381 Kretzer, Law, S. 132.

Verweis auf ihren Rang belegt werden konnte. Dies führte in einigen Fällen dazu, dass vor Gericht der Versuch unternommen wurde nachzuweisen, dass die Angeklagten, auch wenn sie keinen vergleichbaren offiziellen militärischen Rang innehatten, Gewalt anwandten wie die SS-Männer.[382] Die NS-Täterschaft von Männern galt als Maßstab, weshalb die Rekonstruktion der NS-Täterschaft von Frauen oftmals auf dem direkten Vergleich zur NS-Täterschaft von Männern basierte und damit zum männlich dominierten Leitungs- und Führungspersonal und zur SS. Auffallend ist auch, dass die unmittelbare, exzessive Gewaltanwendung einen wesentlichen Punkt der Rekonstruktion der NS-Schuld von Frauen darstellte.[383]

Die im dritten Kapitel herausgearbeiteten Schwerpunkte der Verhandlung Bösels erlauben die Vermutung, dass sich die von Kretzer genannten Merkmale zur Herleitung der Hauptschuld von NS-Täterinnen im Fall Greta Bösels wiederfinden lassen. Inwiefern sich die Anklage jedoch auf geschlechterspezifische Merkmale bei der Rekonstruktion von Bösels Hauptschuld stützte, gilt es im Folgenden zu untersuchen.

1.3 „another of those brutal types of women"?
Das durch die Anklage vermittelte Täterschaftsbild

Die Anklage gegen Greta Bösel konzentrierte sich im Wesentlichen auf drei Punkte. Um ihre Schuld belegen zu können, verfolgte der Chefankläger Major Steward den Nachweis der unmittelbaren Tatbeteiligung Bösels bei Selektionen für das Vernichtungslager Uckermark und der Kenntnis um den Charakter dieser Selektionen, der besonders brutalen und unangemessenen Behandlung der Häftlinge und der hochrangigen Stellung innerhalb der Lagerhierarchie, womit er den Nachweis eines eigenmächtigen und eigenverantwortlichen Handelns zu liefern versuchte. Bereits zu Beginn der Vernehmung Bösels durch Steward wurde eine Strategie der Beschuldigung offenkundig: der Vorwurf, sie habe aus eigenem Antrieb gehandelt. Dies habe bereits mit der Aufnahme der Tätigkeit im Frauenkonzentrationslager Ravensbrück begonnen, vermutete Steward: „Did not you go to Ravensbruck (sic) because you had done well at the Hanover (sic) factory?".[384] Er bezieht sich an dieser Stelle auf die für Konzentrationslager bestimmten Selektionen, die in der Fabrik in Hannover vorgenommen wurden und unterstellt Bösel mit dieser Vermutung, sie habe bereits dort ihre Fähigkeit zu selektieren unter Beweis gestellt. In seinem Abschlussplädoyer greift er diesen Vorwurf wieder auf und erklärt, sie sei nicht „without having had any training in the handling of slave labour before"[385] als Aufseherin nach Ravensbrück gekommen. Er setzt somit ihrer Darstellung der erzwungenen und unfreiwilligen Aufnahme der Tätigkeit als SS-Aufseherin die An-

---

382 Vgl. dazu auch Meyer, Frau, S. 124-125 und Kretzer, Law, S. 131.
383 Vgl. dazu Kretzer, Law, S. 132.
384 WO 235/306, S. 203.
385 WO 235/308, S. 81.

nahme entgegen, sie sei für diesen Job befähigt gewesen und habe sich durchaus aus eigenem Antrieb gemeldet. Durch die Annahme, sie sei prädestiniert und ausgebildet gewesen, Menschen zu selektieren, versucht er ihrem Handeln eine Kontinuität zu verleihen. Nicht die Umstände in Ravensbrück hätten sie zu den folgenden Handlungen getrieben, vielmehr habe sie schon vorher eine „Begabung" für diese schrecklichen Taten besessen. Dieses Bild zielt darauf ab, sie zumindest als einen Menschen mit schlechten Dispositionen zu stilisieren. Gleichzeitig soll diese Darstellung verhindern, Bösel mit positiven geschlechtsstereotypen Eigenschaften in Verbindung zu bringen, und lässt sie als individuell handelnde und grausame Täterin erscheinen.[386] Folgt man in diesem Fall der Logik dichotomer Weiblichkeitskonstruktionen, so bleibt lediglich, sie als abnormal, als grausam einzuordnen, was ihr den Status einer „normalen" Frau nimmt und eine Distanzierung ermöglicht.

Bei Greta Bösel, wie auch bei anderen weiblichen Angeklagten des ersten Ravensbrück-Prozesses, konnte die Hauptschuld nicht mit dem Verweis auf ihren offiziellen Rang nachgewiesen werden, hinzukam, dass sie sich selbst als einfache Aufseherin bezeichnete. Ihr nachzuweisen, dass sie trotz formal fehlender Machtposition aktiv und unmittelbar an den verübten Verbrechen beteiligt war, stand im Vordergrund. So fragte Steward die Zeugin Dziedziecka, was Bösels Aufgabe bei den Selektionen war.

„She was together with Pflaum. Pflaum was the main SS man at the labour department and they were standing together with Winkelmann and helped him. When all prisoners were ordered to leave their huts and parade, Bosel used to go into the huts and used to check up that all the prisoners had left and that none of them had hidden somewhere under the beds"[387],

lautete ihre Antwort.[388] Mit dieser Aussage wird Bösel in die Reihe hochrangiger SS-Männer im Frauenkonzentrationslager Ravensbrück eingeordnet. Bösel und Pflaum werden sehr oft gemeinsam erwähnt, was ohne Frage mit der Tatsache zusammenhängt, dass beide zusammen arbeiteten. Es enthebt Bösel aber gleichfalls aus ihrer Stellung einer einfachen Aufseherin, die sie vorgab zu sein, und suggeriert, ihre Position sei vergleichbar mit Pflaums gewesen. Dies konkretisierte Dziedziecka in der Befragung mit Beyer: „She was the Arbeitsfuhrer (sic), the Leader of the Labour Office".[389] Auch Hand sagte Ähnliches in der Befragung mit Steward aus: „Bosel was the woman leader of the labour service, that is to say, her position was

---

386 Dies war in vielen NS-Prozessen der Fall, wobei die Täterschaft von Frauen mit etwas anderen Bildern von Grausamkeit und diabolischer Täterschaft besetzt wurde als die NS-Täterschaft von Männern. Vgl. dazu Duesterberg, Umkehr, S. 227-236, Przyrembel, Bann, S. 263-264.
387 WO 235/305, S. 138.
388 WO 235/305, S. 138.
389 WO 235/305, S. 153.

immediately below that of Pflaum."[390] Steward fasste diese Aussage zusammen, indem er feststellte, Pflaum habe die Verantwortung für die Arbeitsabteilung getragen und „Bosel was his second-in-command."[391] Er wollte diese Aussage von Hand bestätigt wissen, was sie auch tat, es jedoch umgehend korrigierte: „She was not the second-in-command. She only had one part of it under her immediately inferior Pflaum."[392] Deutlich wird an dieser Stelle die Problematik fehlender Rangauszeichnungen für Frauen im Dienste der SS und der damit verbundenen fehlenden Vorstellung, wie Machtbefugnisse organisiert und inwiefern Frauen beteiligt waren. Wie sich zeigen wird, konnten gerade diese Definitionsdefizite ambivalent genutzt werden. Im Laufe des Prozesses gegen Bösel fielen die Bezeichnungen Oberaufseherin, Kommandoführerin und einfache Aufseherin, grundlegend wurde jedoch nicht geklärt, wie sich die Kompetenzbereiche definierten. Wenn Bösel sich ausdrücklich als einfache Aufseherin definierte, betonte sie damit ihre geringfügige Weisungsbefugnis und unbedeutende Stellung im Lager. Mögliche Intentionen dieser Aussage werden an anderer Stelle analysiert, offenkundig fehlte aber eine klare Betitelung ihres Ranges. Hand, die wahrscheinlich – aufgrund ihrer Tätigkeit in der Arbeitsabteilung – tiefe Einblicke in die lagerinternen Strukturen und Hierarchien hatte, konnte nicht eindeutig sagen, wie die Bezeichnung für Bösels Stellung lautete, beide Zeuginnen waren sich jedoch einig, dass Bösel eine bedeutende Position einnahm. Auffallend ist auch, dass der Vergleich zu hochrangigen SS-Männern gewählt wurde. Steward griff dies in seinem Abschlussplädoyer wieder auf und erklärte beharrlich, dass Bösel „the second in command to Pflaum" war.[393] Er betonte damit abermals ihre herausragende Stellung im Frauenkonzentrationslager Ravensbrück. Um dies ausdrücken zu können, verwendete er den Titel „second in command", der im Laufe des Prozesses nicht bestätigt werden konnte. Offenkundig konnte ihre Machtposition nur durch den unmittelbaren Bezug zu den SS-Männern hinreichend aufgezeigt werden.

Der immer wieder unternommene Vergleich mit den Tätern wird in einer Aussage Dziedzieckas über die Behandlung der Häftlinge durch Bösel noch deutlicher. „She was as brutal as the others. She pushed them and beat them with her elbows and beat them over their heads and so forth."[394] Wird das männliche Handlungskollektiv, und das ist in diesem Fall gegeben, als übergeordnetes Vergleichspotential angewandt, wie es in herrschenden binären Geschlechterordnungen üblich ist, erscheint die Täterin im Modus der Divergenten.[395] Dieser Vergleich folgt dem Stereotyp von der „sanften Frau" und ordnet „Brutalität" einem männlichen Verhal-

---

390 WO 235/306, S. 22.
391 WO 235/306, S. 22.
392 WO 235/306, S. 22.
393 WO 235/308, S. 81.
394 WO 235/305, S. 153. Im Kontext wird deutlich, dass sie sich auf Winkelmann und Pflaum bezieht.
395 Vgl. dazu Kretzer, Law, S. 134.

tensmuster zu.[396] Der Bezug kann als eine Form der Rationalisierung weiblicher Gewalttätigkeit erklärt werden, vor dem Hintergrund normativer Rollenerwartungen an typisch männliches und weibliches Verhalten.

Im Gegensatz zu Bösels Aussage, sie habe bei den Selektionen, ihrer Aufgabe entsprechend, lediglich für Ordnung gesorgt, bemerkte Dziedziecka, dass Bösel in die Baracken ging, um festzustellen, dass sich niemand den Selektionen entzogen habe. Dziedziecka gab darüber hinaus an, dass es nicht Bösels Aufgabe gewesen sei, in den Baracken nach Menschen zu suchen, sondern die der Blockältesten.[397] Auch an dieser Stelle zeichnet sich ein ganz anderes Bild ab als das, was Bösel von sich und ihrer Tätigkeit entwarf. Laut Dziedziecka handelte Bösel eigenverantwortlich und keinesfalls auf Befehl, hier wird vielmehr auf den vorauseilenden Gehorsam verwiesen als auf den Befehlsnotstand. Auch Steward betonte in seinem Abschlussplädoyer diese Handlung Bösels und hob ihre besonders brutale Ausführung hervor.[398]

Ein wesentlicher Punkt der Anklage bestand nicht nur in der Argumentation, dass Bösel aktiv an Selektionen für die Gaskammer teilnahm, sondern vor allem in der Erweiterung, dass sie trotz des Wissens um den Bestimmungsort für diese Menschen daran teilnahm. Hand gab im Verhör mit Steward an – und er griff diese Aussage in seinem Abschlussplädoyer wieder auf – dass sie immer wieder versuchten Bösel zu erklären, worum es sich bei den Selektionen handelte, sie aber keine Notiz davon nehmen wollte. So hätten die Häftlinge oft versucht, mit Bösel zu reden: „ We drew her attention again and again to the fact that it was an extermination camp."[399] Sie hätten versucht auch Bösel davon zu überzeugen, dass kranke Frauen nicht zur Arbeit gezwungen werden sollten, doch Bösel habe lediglich geantwortet: „Let them perish if they cannot work".[400] Bösel handelte diesen Aussagen zufolge wissentlich und daher billigend unmenschlich und vorsätzlich brutal. Für Steward repräsentierte sie mit dieser Aussage das schreckliche System des Lagers: „Could there be a more cruel, a more sarcastic, illustration of the general tendency in the system of this camp than in this remark?"[401]

Dieses brutale Verhalten Bösels verlangte nach einer rationalen Erklärung. Wie deutlich wurde, waren ihre Taten nicht auf ihre Machtposition zurückzuführen und auch nicht auf einen vermeintlich männlichen Lebenslauf beispielsweise mit einer militärischen Karriere. Vergrößert wurde die Erklärungsnot durch ihr geschlechtsdeviantes Verhalten. Erklärungsansätze waren aber wichtig. Einen verfolgt der Judge Advocate in seiner Zusammenfassung (Summing Up): Er misst ihrem Handeln eine besondere Exzessivität bei, indem er ihr vorwirft, unnötige Gewalt angewandt

---

396 Vgl. dazu Wedgwood/ Robert, Männlichkeitsforschung.
397 Vgl. dazu WO 235/305, S. 153.
398 Vgl. dazu WO 235/308, S. 81.
399 Vgl. dazu WO 235/306, S. 23 und vgl. ebenfalls WO 235/306, S. 205.
400 WO 235/306, S. 23.
401 WO 235/308, S. 81.

zu haben. Er trägt dem Gericht auf, darüber zu entscheiden, „whether the force that was used was necessary or whether it was too much."[402] Er hält diesen Fall für offenkundig und Major Steward habe ihnen ja bereits erklärt, „he ist not complaining that force had to be used in this camp, because force had to be used; the complaint is that it was unnecessary force, or force going beyond what was required to meet the situation".[403]

Anstatt auf ihre Mitgliedschaft im „weiblichen SS-Gefolge" hinzuweisen, wie es die Anklageschrift nahe gelegt hätte, oder auf ihre konkreten Taten verwies Stirling in seinem Abschlussplädoyer auf ihre vermeintliche Persönlichkeit, indem er sie zu einer Exzesstäterin stilisierte und dies in seinem letzten Satz hervorhob: „Are you accepting that she was another of those brutal types of women who were beating and maltreating these Allied nationals in that camp?"[404]

Den Handlungen weiblicher Angeklagter wurden oftmals, um sie rationalisierbar zu machen, exzessive Züge zugesprochen.[405] Stirling zählte Bösel zu den „brutal types of women". Unter dieser Kategorie fasste er augenfällig die weiblichen Angeklagten des ersten Ravensbrück-Prozesses zusammen. Dieser „Typ Frau" wird in erster Linie durch die herausragenden Angeklagten Mory, Salvequart und Binz repräsentiert, die als „grausame Bestien" dargestellt wurden.[406] Auch Steward hob in seinem Abschlussplädoyer hervor, dass die Angeklagten alles daran gesetzt hätten, aus einem gewöhnlichen Konzentrationslager ihr eigenes Schreckensregime zu machen.[407] Sie erscheinen somit im Modus des Divergenten und als Gegenüber fungieren die, die nicht brutal, die „normal" sind. Das Aufzeigen der Devianz der Täterinnen zielt dabei auf die angebliche Devianz ihrer Weiblichkeit ab. Die allgemeine Geschlechterrollenerwartung verläuft nicht konform mit dem in diesem Fall dargestellten „type of woman".

Wenn Kretzer schreibt, dass im ersten Ravensbrück-Prozess bei Frauen die Verantwortung für das kollektive Verbrechen im individuellen Fall von ihrer Art und ihrem Wesen abgeleitet wurde, so trifft dies im Fall Bösels zu.[408] Um ihre Taten rationalisierbar und erklärlich zu machen, wurde sie zu einem brutalen Typ von Frau gemacht, d.h. ihr wurde unangemessene und unnötige Brutalität in der Behandlung der Häftlinge vorgeworfen und Eigenmächtigkeit im Verhalten. Auch wenn diese Taten zutreffen, so wurde doch explizit auf ihr deviantes „weibliches" Verhalten als Erklärung abgezielt. Dies ist darauf zurückzuführen, dass der „normale" Typus des Kriegsverbrechers als „männlich" definiert war und demzufolge

---

402 WO 235/308, S. 25.
403 WO 235/308, S. 125.
404 WO 235/308, S. 125.
405 Vgl. dazu Kretzer, Job, S. 141.
406 Vgl. dazu Kretzer, Job, S. 135 ff.
407 Vgl. dazu Duesterberg, Umkehr, S. 232-233 und WO 235/308, S. 63.
408 Vgl. dazu Kretzer, Job, S. 134.

von sämtlichen Parteien im Gerichtssaal die Tätigkeit von Frauen in einem Konzentrationslager als Besonderheit, als besonders grausam wahrgenommen wurde.[409] Auch in diesem Fall hat der stetige Bezug zur „männlichen" Täterschaft bestätigt, dass, wie üblich in herrschenden Kriminalitätsdiskursen, auch im ersten Ravensbrück-Prozess der strafrechtlich angenommene Normalfall einer hauptschuldigen Delinquenz „männlichen" Geschlechtsstereotypen entsprach, an denen sich die verbrecherischen Frauen zu messen hatten. Was bei männlichen Kriegsverbrechern als Normalität oder zumindest als erwartenswert verstanden wurde, erschien bei Kriegsverbrecherinnen als Besonderheit, als Abweichung.

2. Die Verteidigung: Der Versuch, Greta Bösels Unschuld zu beweisen

Wie bereits dargelegt, existierten in den Nachkriegsprozessen eine Vielzahl an Entschuldungsargumenten, mit denen konkrete Täterschaftsbilder verbunden waren. Im Folgenden wird geprüft, ob die von Greta Bösel und ihrem Anwalt verwendeten Argumentationen zur Entschuldung in diesem Kontext verortet werden können und ob eine geschlechtsbezogene Auslegung zur Entschuldung genutzt und gegebenenfalls instrumentalisiert wurde.

Vielen angeklagten NS-Tätern und Täterinnen war ein fehlendes Unrechtsbewusstsein und damit fehlendes Schuldbewusstsein gemein.[410] So lehnten alle, bis auf Albert Speer, im Nürnberger Prozess das Gericht als Siegerjustiz ab und erklärten sich für „nicht schuldig", wie auch alle Angeklagten des ersten Ravensbrück-Prozesses auf „nicht schuldig" plädierten.[411]

Greta Bösel war ebenfalls ein fehlendes Schuldbewusstsein zu zeigen. Ein Schuldeingeständnis, Reue oder Bedauern räumte sie während des Prozesses an keiner Stelle ein. Vielmehr arbeiteten sie und ihr Anwalt während des Prozesses beharrlich an der Konstruktion ihrer „Unschuld". Dabei stand nicht die Leugnung ihrer Tätigkeit als Aufseherin im Mittelpunkt, auch stritt sie nicht generell die ihr vorgeworfenen Taten ab, vielmehr stand die Konstruktion ihres Opferstatus im Vordergrund, der es erlaubte, sie als Objekt ohne individuelle Verantwortung zu inszenieren. Um ihre Täterschaft in diesem Licht erscheinen zu lassen, wandten Greta Bösel und ihr Anwalt unterschiedliche Strategien an.

Eine wichtige Strategie der Entschuldung bestand in der Umdeutung verschiedener Tatbestände, die im Wesentlichen darauf abzielte, Greta Bösels Opferstatus zu generieren, was in 2.1 näher untersucht wird. Das Argument des Mangels an Handlungsmöglichkeiten (2.2) zielte darauf ab, ihren Objektstatus zu konstruieren und sie als kleinstes, unbedeutendes Glied innerhalb des Lagerpersonals darzustellen. Eine weitere Strategie wurde mit der Entschuldung durch Beschuldigung aufgegrif-

---

409 Vgl. dazu Kretzer, Job, S. 141.
410 Vgl. dazu Eschebach/Kootz, Frauenkonzentrationslager, S. 66; Reichel, Vergangenheitsbewältigung, S. 53-57 und Cramer, Farce, S. 212.
411 Vgl. dazu Reichel, Vergangenheitsbewältigung, S. 50-51.

fen, innerhalb derer Opfer zu TäterInnen gemacht wurden (2.3). An einigen Stellen wurde jedoch das Bild ihrer Selbstdarstellung nonintentional durchbrochen. So erschien sie in wenigen Passagen ihrer Selbstdarstellung nicht nur als passiv und entmündigt, sondern aktiv, versehen mit Handlungsmöglichkeiten (2.4). Die Kategorie „Weiblichkeit" wurde an vielen Stellen zur Entschuldung aufgegriffen. In 2.5 sollen die Funktionsweisen dieser Strategie zusammengefasst, der intendierte Nutzen analysiert und auf die anfangs formulierte These zurückgekommen werden. Es bleibt zu beachten, dass die unterschiedlichen Entschuldungsstrategien nicht immer trennscharf von einander abzugrenzen sind, da durchaus innerhalb verschiedener Punkte mehrere Strategien verfolgt wurden, die alle dem übergeordneten Ziel verpflichtet waren, sie ihrer Verantwortung zu entheben.

2.1 Die Generierung des eigenen Opferstatus

Die Strategie der Generierung des eigenen Opferstatus zur Entschuldung wird an zwei Stellen besonders deutlich. Zum einen bemühten Greta Bösel und ihr Anwalt die Darstellung, sie sei Opfer des Krieges geworden, und zum anderen stellte sie sich als Opfer des Vernehmungsbeamten dar, was zugleich ihr Schuldeingeständnis in ihrer ersten schriftlichen Aussage erklären und entkräften sollte.

Der Verweis auf den Krieg, die Umstände und die daraus resultierenden Gegebenheiten und Regeln stellte in NS-Prozessen ein wichtiges Argument zur Rechtfertigung des Handelns der Angeklagten dar.[412] Gleich zu Beginn der Befragung durch ihren Anwalt nutzte auch Greta Bösel eine derartige Argumentation zur Entschuldung. Bei der Frage nach ihrer Rekrutierung wurde der Charakter der Entschuldungsstrategie offensichtlich. „I was detailed to go there",[413] lautete ihre Antwort auf die Frage, warum sie als Aufseherin nach Ravensbrück ging. Darüber hinaus habe sie auch gar nicht richtig gewusst, wohin sie geschickt wurde.[414] „[A] gentleman came along"[415] und erklärte ihnen, dass jede Firma zur Beaufsichtigung von Gefangenen Frauen zur Verfügung zu stellen habe. Mit dieser Aussage stellte Greta Bösel ihre Dienstaufnahme in die Tradition einer Zuschreibungspraxis, der sie machtlos gegenüberstand. Ebenso erschien so ihre Rekrutierung als unhinterfragbare Konsequenz des Krieges.

Eschebach hat in einer Untersuchung von Urteilssprüchen ostdeutscher Gerichte feststellen können, dass zur Entschuldung der NS-Täterschaft von Frauen auf vermeintlich spezifisch weibliche Charakterbilder rekurriert wurde.[416] Indem verschiedene Darstellungen zur Begründung herangezogen wurden, wie z.B. das Ein-

---

412 Vgl. dazu Reichel, Vergangenheitsbewältigung, S. 52. Auch hier wird nur der Terminus „Täter" verwandt, da sich diese Forschung lediglich auf männliche NS-Täterschaft bezieht.
413 WO 235/306, S. 196.
414 Vgl. dazu WO 235/306, S. 196.
415 WO 235/306, S. 196.
416 Vgl. dazu Eschebach, Frauenbilder, S. 95-96.

gehen auf das Gefühlsleben der Angeklagten oder die Annahme, sie habe für einen SS-Mann geschwärmt, wurde darauf abgezielt, Frauen ein selbstverantwortliches Handeln und eine eigene Willensbildung abzusprechen und ihnen politische Naivität zu unterstellen. Als Begründung fungierte die Zuschreibung tradierter „weiblicher Attribute", die als naturhafte Wesenszüge gedeutet wurden.[417] Derartig angebrachte Deutungsmuster hoben darauf ab, die Dienstaufnahme von Frauen in Arbeits-, Konzentrations- und Vernichtungslagern in die Tradition einer Zuschreibungspraxis zu stellen, nach der vornehmlich jungen Frauen die Fähigkeit zu eigener Willensbildung und damit der Subjektstatus von vornherein abgesprochen wurde.

Derartige Entschuldungsstrategien besitzen einen universell einsetzbaren Charakter. „[D]etailed to go there" drückt in diesem Zusammenhang aus, dass Greta Bösel nicht in der Lage gewesen sei, Stellung zu beziehen oder frei über die Aufnahme der Tätigkeit als Aufseherin im Frauenkonzentrationslager Ravensbrück zu entscheiden. Demzufolge sei sie Opfer der Umstände des Krieges geworden. Hier wird deutlich, dass die Konstruktion ihres Opferstatus gleichfalls auf die Konstruktion ihres Objektstatus abzielt, um sie der Verantwortung ihres Handelns zu entheben.

Mit der darauf folgenden Aussage: „I had been through a lot in Hannover with the bombing and I said they could not really demand that I should got to this camp"[418], wird die Darstellung ihres Opferstatus gefestigt. Beyer unterstrich ihren Leidensweg und die Opfer, die auch sie während des Krieges erbringen musste, indem er ihr relativ zusammenhangslos daraufhin die Frage stellte, ob sie verheiratet sei, und ihr damit die Möglichkeit für folgende Antwort bot: „[...] my husband died in the war."[419] Unter Berücksichtigung der Tatsache, dass dies vermutlich einen großen Verlust für sie dargestellt hat, wirkt die Frage an dieser Stelle deplatziert und entbehrt jeden logischen und informativen Zusammenhangs. Sie dient lediglich der Unterstreichung ihrer Leiden und soll die schwierige Situation illustrieren, in der sie sich während ihrer Rekrutierung befand. Mit dieser Inszenierung wird gleichfalls auf die Lage der Frauen während des Krieges verwiesen, die zuhause blieben und oftmals Witwen wurden. In diesem Bild erscheinen Frauen lediglich als Opfer des Krieges, eine aktive Täterschaft scheint ausgeschlossen.

Ihre Aussage „I was not able to tell that I was going to go to a concentration camp"[420] folgt einer weit verbreiteten Entschuldungsstrategie in NS-Prozessen, nämlich der Behauptung, nichts von der Art einer Tätigkeit gewusst zu haben. Viele Angeklagte des Nürnberger Prozesses stritten die Hauptschuld ab, behaupteten, nichts Genaues über die Hintergründe einer Tätigkeit oder eines Auftrages gewusst

---

417 Eschebach, Frauenbilder, S. 102. Vgl. auch dazu Edwards, Gender, S. 133ff.
418 WO 235/306, S. 196.
419 WO 235/306, S. 196.
420 WO 235/306, S. 196.

zu haben, und schoben die Schuld auf andere, vornehmlich auf Hitler, ab.[421] Auch Bösel stellt sich abermals als entscheidungslos dar und suggeriert mit dieser Aussage, es sei ein massiver Druck auf sie ausgeübt worden, denn freiwillig wäre sie nicht an diesen Ort gegangen. Sie verweist auf eine übergeordnete Instanz, die von ihr verlangt habe, nach Ravensbrück zu gehen, womit sie sich abermals der Verantwortung entzieht. Das hinderte sie nicht daran, im Zuge der Darstellung ihres Opferstatus darauf zu verweisen, dass sie noch gesagt habe, man könne von ihr nicht ernsthaft erwarten, in dieses Lager zu gehen. Mit diesem Widerspruch offenbarte sie, dass sie nicht nur den Einsatzort ihres Dienstes kannte, sondern auch einen Eindruck hatte.

Gleichfalls bemüht Greta Bösel an dieser Stelle das Entschuldungsargument vieler ehemaliger Aufseherinnen – den Verweis auf ihre „Dienstverpflichtung" und auch Beyer griff dieses Argument in seinem Gnadengesuch wieder auf, indem er betonte, die Angeklagte sei gegen ihren Willen nach Ravensbrück dienstverpflichtet worden.[422]

Wie sich die Umstände einer „Dienstverpflichtung" genau verhielten, konnte bisher nicht vollends geklärt werden (Vgl. III. 2.2.1). Dass zunehmend schärfer geworben wurde, ist bekannt, doch wie sich der Druck, der vermutlich auf die Frauen ausgeübt wurde, genau gestaltete, stellt noch immer ein Desiderat der Forschung dar.[423] Folgt man Meyer, so haben sich die Frauen, die durch Firmen geworben wurden, dennoch selbst auf eine solche Stelle bewerben müssen. Zwar seien Anwerbungen durch das Arbeitsamt oder durch Rüstungsfirmen von vielen Frauen als „Dienstverpflichtung" dargestellt worden, doch seien die Arbeitsverpflichtungen aufgrund der „Notdienstverordnung" keine Zwangsmaßnahme gegen den Willen der Frauen gewesen, vielmehr wurde auch in diesen Fällen das übliche Verfahren angewandt.[424]

Wie bereist erwähnt, können auch im Fall Greta Bösels die näheren Umstände ihrer Rekrutierung nicht eruiert werden. Dass die Darstellung ihrer Rekrutierung jedoch zur Entschuldung instrumentalisiert wurde, ist ersichtlich. Sie erwähnte zwar, abkommandiert worden zu sein, und wählt hier höchstwahrscheinlich nicht grundlos einen militärischen Terminus. Entgegen ihrer sonstigen Ausführungen im Prozess ließ sie aber eine explizite Darstellung des Druckes nicht folgen, sondern erwähnte einen „Gentleman", der die Frauen warb. Ebenfalls nutzte sie höchstwahrscheinlich nicht die Möglichkeit, eine Kündigung einzureichen, was darauf schließen lässt, dass die Situation in Ravensbrück für sie nicht belastend genug war, auch wenn sie an einer schweren Krankheit litt.

Das Argument der „Dienstverpflichtung" wurde in anderen Fällen angeklagter Frauen in NS-Prozessen genutzt, um darzulegen, keine überzeugte Anhängerin des

---

421 Vgl. dazu Reichel, Vergangenheitsbewältigung, S. 52-55.
422 WO 235/312, S. 109.
423 Vgl. dazu III. 2.2.1.
424 Vgl. dazu Meyer, Frau, S. 125-126.

Nationalsozialismus gewesen zu sein und folglich diese Tätigkeit auch nicht freiwillig aufgenommen zu haben.[425] Beyer griff im Zusammenhang mit Bösels „Dienstverpflichtung" die Frage nach ihrer politischen Ausrichtung explizit auf und befragte sie zu einer möglichen NSDAP-Mitgliedschaft, woraufhin Bösel erklärte, lediglich ein zahlendes Rot-Kreuz-Mitglied gewesen zu sein. Dem Bild einer ideologischen Überzeugungstäterin stellte sie das einer karitativ denkenden Frau gegenüber. Die Rekurrierung auf das Stereotyp der „helfenden Frau" wurde nicht selten von Angeklagten in NS-Prozessen verwandt. Ein sehr bekanntes Beispiel, in dem explizit „Weiblichkeit" als Entschuldung instrumentalisiert wurde, stellt der Fall Herta Oberhäusers dar. Sie meldete sich freiwillig als Lagerärztin für das Frauenkonzentrationslager Ravensbrück und nahm an den Sulfonamidexperimenten teil. Vor Gericht erklärte sie: „Ich habe bei meiner therapeutischen Betreuung nach den schulmedizinischen Regeln als Frau in meiner schwierigen Lage alles getan, was ich tun konnte."[426] Weiter verteidigte sie sich im Kreuzverhör mit folgender Aussage: „Ich habe es als meine Pflicht aufgefasst und gehofft, hier als Frau auch helfen zu können."[427] Mit dieser Aussage plädierte sie für ihre Unschuld, denn sie habe ja nur ihre Pflicht getan.

Greta Bösel wurde nur an wenigen Stellen innerhalb des Prozesses in ihren Ausführungen lebhaft, ansonsten waren ihre Aussagen geprägt, wie bei vielen Angeklagten in NS-Prozessen, von einem trotzigen und resignativen Charakter.[428] Während sie in der Regel kurz angebunden antwortete, wurde dieses Schema unterbrochen, wenn sie ein ihr zugefügtes Unrecht erläuterte: zum einen als es um die Darstellung ihrer Typhuserkrankung ging und zum zweiten immer an den Stellen, an denen sie auf das Zustandekommen ihrer ersten eidlichen Erklärung angesprochen wurde. Beides stellte sie als Unrechtssituation dar, auf die sie geradezu ausholend einging und sogar durch den Judge Advocate unterbrochen wurde. Während sie ausschweifend und engagiert erklärte, wie schlecht es ihr zur Zeit der Befragung ergangen sei, da der Beamte sie unter Druck setzte, zusätzlich noch anschrie und ihr nicht zuhörte, weshalb sie das sie so belastende Protokoll unterschrieben habe, durchbricht sie bei der Aussage, sie sei nur aufgrund des Druckes nach Ravensbrück gekommen, in keiner Weise ihre kurz angebundene Ausführung. Die Stellen, an denen ihre Ausführungen detaillierter werden, lassen auf ihre emotionale Betroffenheit schließen, die sie zumindest in der Darstellung des Druckes bei der Rekrutierung, der Selektionen oder ihrer Behandlung der Häftlinge nicht zeigt. Sie setzt zu keiner ausführlichen Darstellung des Druckes und somit der ihr zugefügten Unrechtssituation an. Dies verweist darauf, dass sie bei ihrer Rekrutierung möglicher-

---

425 Vgl. dazu Meyer, Frau, S. 125.

426 Zitiert nach Ebbinghaus, Opfer, S. 272.

427 Aussage Herta Oberhäusers im Kreuzverhör des Nürnberger Ärzteprozesses 1946-1947. Sie wurde zu 20 Jahren Haft verurteilt, was 1951 in 10 Jahre Haft umgewandelt wurde. Zitiert nach Kuhn, Täterschaft, S. 15.

428 Vgl. dazu Cramer, Farce, S. 210.

weise gar keinem so sonderlich hohen Druck und Zwang ausgesetzt war. Warum Bösel jedoch eine derartig belastende Aussage zu Protokoll gab und diese dann auch noch unterschrieb, muss offen bleiben. Die Vermutung liegt aber nahe, dass sie sich tatsächlich unter Druck gesetzt fühlte, zumal sie zum Zeitpunkt dieser Befragung noch keinen juristischen Beistand hatte.

Bösel nutzt mit dem Verweis auf die Art ihrer Rekrutierung ein weiteres Entschuldungsargument, das während vieler NS-Prozesse Anwendung fand. Auch wenn sie einen zivilen Vertrag in Hannover hatte und demzufolge keinem Befehlsnotstand unterlag, stellte sie die Situation der Rekrutierung in einen militärischen Kontext, indem sie betonte, sie sei abkommandiert worden. Daraus ergibt sich, dass sie nicht anders habe handeln können, denn es sei Druck auf sie ausgeübt worden, was wiederum darauf abzielt, sie hätte bei Nichtbefolgung mit Sanktionen zu rechnen gehabt. Das Argument des Befehlsnotstandes avancierte nicht nur zu einer populären Rechtfertigung innerhalb der Gerichtssäle, sondern wurde auch für weite Teile der Bevölkerung ein entscheidendes Argument.[429] Verbunden war damit die Vorstellung, dass mit dem Terror nach außen auch ein äquivalenter Terror nach innen verbunden gewesen sei, ein Zwang zum Mitmachen existiert habe und Verweigerung eine Bedrohung für Leib und Leben bedeutete.[430] Diese Deutung innerhalb der Gerichtsprozesse verkehrte die Lage und machte aus den Trägern des Terrors Opfer, sie ermöglichte ihnen eine Selbstinszenierung, in der sie als machtlose Personen ohne eigenen Ehrgeiz und eigenes Interesse auftreten konnten. Eine Aussage des freigesprochenen Hans Fritzsche, einstiger Rundfunkmoderator und Abteilungsleiter in Goebbels Ministerium, verdeutlicht dies. Er distanzierte sich nicht nur von den Urhebern, Mittätern und Mitwissern der Gräueltaten, sondern stellte sich letztlich auch als Opfer dar: „Zwischen diesen Verbrechern und mir gibt es nur eine einzige Verbindung", erklärte er. „Sie haben mich nur in anderer Weise missbraucht als diejenigen, die ihnen körperlich zum Opfer fielen."[431] Mit derartigen Entschuldungsstrategien war auch die Geburt des Mythos der allgegenwärtigen und allwissenden Gestapo verbunden. Derartige Argumentationen schufen eine Erinnerung, in der die Täter und Täterinnen zu Gefangenen der Zeit und der Strukturen wurden, da sie zum absoluten Gehorsam verdammt gewesen seien.[432]

2.2 „nur eine kleine Aufseherin mit geringem Aufgabenkreis". Fehlende Handlungsmöglichkeiten als Entschuldung

Greta Bösels Stellung und die damit verbundenen Aufgaben und Entscheidungsbefugnisse spielten natürlich eine entscheidende Rolle für die Be- als auch für die Entschuldung. Während die Anklage bemüht war, ihr eine hochrangige Position

---

429 Paul, Psychopathen, S. 18.
430 Vgl. dazu Paul, Psychopathen, S. 18.
431 Zitiert nach Reichel, Vergangenheitsbewältigung, S. 54-55.
432 Vgl. auch Paul, Psychopathen, S. 18.

innerhalb der Lagerhierarchie nachzuweisen, betonte Bösel beständig ihre Bedeutungslosigkeit im Lager: „I did not really have anything to do in the labour department but I had to take the morning and the midday work parade and I had to be present at transports."[433] An dieser Stelle grenzt sie ihre Position deutlich von Pflaums ab, indem sie im vorangehenden Ausspruch explizit seine Verantwortlichkeit betont und sich selbst eine richtige Aufgabe abspricht. Hier konstruiert sie das Bild der passiven, macht- und aufgabenlosen Aufseherin. Gleichfalls verweist sie abermals auf eine Zwangssituation, denn sie habe ja bei Transporten, in diesem Kontext sind mit Transporte Selektionen gemeint, anwesend sein *müssen*. Auch hier wird der Hinweis auf den Befehl eingesetzt, um die eigene Verantwortung abgeben zu können und gleichfalls darauf zu verweisen, nicht aus eigenem Antrieb gehandelt zu haben. Ihr Anwalt schlussfolgerte aus dieser Aussage, dass dies keine richtige Arbeit gewesen sei, sondern eine Situation, in der sie sich befand. Damit rekurriert er abermals auf die Position der Verteidigung: Greta Bösel sei ein Opfer der Umstände. Sie sei ohne ihr Verschulden in eine Situation geraten, die ihr nun vorgeworfen werde, dazu käme die geringe Position, die sie im Lager innehatte und aus der ein Mangel an Handlungsmöglichkeiten und demzufolge auch -alternativen hervorging. Diese Entschuldungsstrategie verdeutlicht er in dem Begnadigungsschreiben. Greta Bösel habe „an den Auswahlen der verschiedensten Art lediglich für eine Zeitspanne von drei Monaten" teilgenommen. „Dass sich unter diesen Auswahlen auch solche befanden, die im Jugendlager und in der Gaskammer endeten, ist ihr besonderes persönliches Verhängnis."[434] Da sie erst so spät ins Lager kam, könne man ihr gleichfalls nicht die Vorgänge der Jahre zuvor vorwerfen und auch nicht die Umstände, die in Ravensbrück herrschten. „Sie versah lediglich Ordnungsdienste und brachte die Häftlinge in Reih und Glied."[435] Demzufolge sei sie an der Entwicklung der Bedingungen gänzlich unbeteiligt gewesen. Ihre geringe Position, die fehlenden Machtbefugnisse und ihre kurze Dienstzeit hätten einen derartigen Einfluss nicht zugelassen. Greta Bösel erscheint in dieser Darstellung passiv, abgesehen von ihren Ordnungsdiensten. Gleichfalls setzt er an dieser Stelle eine weitere Strategie ein – die der Umdeutung der Umstände. Demzufolge seien die Selektionen ihr und nicht das Verhängnis der Opfer.

Unter Verweis auf ihre geringe Stellung in der Lagerhierarchie sollte zugleich eine generelle Unwissenheit glaubhaft gemacht werden. Greta Bösel behauptete während des Prozesses beständig, sie habe nicht gewusst, was mit den selektierten Frauen passiert sei. Sie stritt auch ab, sich an das Gespräch mit Hand erinnern zu können, in dem sie, laut Hands Aussagen, über den Charakter des Jugendlagers aufgeklärt worden sei. Sie sei von niemandem über die Organisation der Lagerleitung, ihre Zwecke und Absichten unterrichtet worden und habe keine Ahnung von

---

433 WO 235/306, S. 197.
434 WO 235/312, S. 112. Dieses Schreiben vom 12. Februar 1947 liegt von Bösel und Beyer unterschrieben auf Deutsch vor.
435 WO 235/312, S. 112.

den Verbrechen der Lagerleitung gehabt. Sie habe auch nichts von Listen oder administrativen Dingen gewusst, denn dafür seien lediglich Pflaum und die Häftlinge zuständig gewesen. Auch auf die Anmerkung des Hauptanklägers Steward, dass es merkwürdig sei, dass sie nichts wisse, denn immerhin seien die Listen für die Selektionen in ihrem Büro angefertigt worden, erwiderte sie, keine Kenntnis gehabt zu haben, denn das sei nicht ihre Aufgabe gewesen. Auch an dieser Stelle hält sie an einer häufig verwandten Strategie von Angeklagten in NS-Prozessen fest – dem infantilen Dummstellen. Verbreitet waren auch temporäre Amnesieanfälle.[436]

Bösel distanzierte sich mit diesen Aussagen deutlich vom männlichen SS-Handlungskollektiv.[437] Pflaum stand für die männliche Lagerleitung, für die Verantwortung, für die Macht, der sie ihrer Darstellung zufolge mittellos und ausgeliefert als einfache Aufseherin, als Frau gegenüberstand. Während die Strategie der Beschuldigung darin bestand, Bösel diesem männlichen Handlungskollektiv zuzurechnen, intendierte die Strategie der Entschuldung das Gegenteil.

Eine wesentliche Aufgabe sei die „Präsenz" bei Appellen gewesen. Bereits mit dieser Wortwahl drückt sie ihre Passivität und formelle Machtlosigkeit aus. Steward warf ihr indessen vor, während dieser Appelle ein eigenmächtiges und aktives Vorgehen an den Tag gelegt zu haben, nämlich die Misshandlung der Häftlinge. Er bezog sich dabei auf die Aussagen der Zeuginnen, die erklärten, Bösel habe sich äußerst brutal benommen. An dieser Stelle wird die Strategie der gezielten Auslassung und Umdeutung abermals deutlich. Sie verschwieg, was die Appelle für die Häftlinge bedeuteten, und beharrte auf ihrer Aussage, sie habe lediglich für Ordnung gesorgt. Als Steward Bösel mit den Aussagen der Zeuginnen konfrontierte, stritt Bösel nicht ab, Nachzügler eingesammelt zu haben. Vielmehr stellt sie diese Tätigkeit als einen Befehl dar, dem sie nachgekommen sei, denn sie habe ja für Ordnung sorgen *müssen*. Hier benutzt Greta Bösel das Argument der Pflichterfüllung. Eine Abwandlung des Pflichtarguments bestand in der Betonung des reinen Pflichtgefühls und der Deduktion, man sei ein pflichtbewusster und daher auch ein tugendhafter Mensch.[438]

Beyer verwies in seinem Abschlussplädoyer, ganz im Sinne strikter rechtspositivistischer Argumentationen, darauf, dass diese Appelle keine bewussten Schikanen waren, sondern vielmehr essentielle Arrangements des Militärmanagements in Deutschland darstellten und somit auch Bösel nicht vorzuwerfen seien. Seine Mandantin könne daher nicht für die Regeln im Konzentrationslager verantwortlich gemacht werden, da sie selbst als Aufseherin unter diesen Regeln stand und gezwungen war, diese auch in einzelnen Fällen umzusetzen.[439] Viele Strategien von Verteidigern basierten auf einer rechtspositivistischen Argumentation. Die Ange-

---

436 Vgl. dazu Reichel, Vergangenheitsbewältigung, S. 51 und vgl. dazu auch Kolbe, Eichmanns, S. 75.
437 Vgl. dazu Kretzer, Job, S. 142.
438 Vgl. dazu Reichel, Vergangenheitsbewältigung, S. 52.
439 WO 235/308, S. 222.

klagten hätten demzufolge lediglich im Rahmen der bestehenden Gesetze gehandelt und sich damit legal verhalten. Es wurde argumentiert, dass nach geltendem deutschen Recht die Konzentrationslager legale Gefängnisse waren und das Verhalten der Angeklagten sich nicht vom Verhalten des Vollzugspersonals anderer Länder unterschieden hätte, welches ebenfalls mit Stöcken und Knüppeln schlüge, wenn die Situation es erfordere.[440] Es könne jetzt nicht Unrecht sein, was vorher Recht war, so die häufige Argumentation.[441]

Mit dem immer wieder angeführten Argument der kurzen Dienstzeit Greta Bösels wendet sich Beyer gegen den durch Steward vorgetragenen Anklagepunkt, dass das Konzentrationslagerpersonal im Kollektiv für die Verhältnisse im Frauenkonzentrationslager Ravensbrück verantwortlich sei. Aufgrund ihrer kurzen Amtszeit könne Bösel nichts für die Verhältnisse, die sie selbst dort bei ihrem Arbeitsbeginn vorfand, zudem sei eine aktive Gestaltung der Bedingungen durch ihre geringe Position nicht möglich gewesen.[442] In diesem Kontext wird Bösels Darstellung der Verhältnisse in Ravensbrück deutlicher. Wie bereits festgestellt, entsprachen Bösels Beschreibungen der Bedingungen nicht den Tatsachen, dies geschah vermutlich aus zweierlei Gründen. Zum Einen hätte sie die reale Darstellung der Bedingungen schwer belastet und zum Zweiten bestand eine wesentliche Entschuldungsstrategie darin, ihre Macht- und Verantwortungslosigkeit aufgrund mangelnder Handlungsmöglichkeiten auch bezüglich der Bedingungen zu betonen, sie somit dem SS-Handlungskollektiv zu entheben und damit einen wesentlichen Anklagepunkt zu widerlegen, nämlich den Kollektivtatvorwurf, der auf sie als „kleine Aufseherin" nicht anzuwenden sei. An dieser Stelle nutzte Greta Bösel ein gängiges Argument zur Schuldabwehr innerhalb von NS-Prozessen, das sich gleichfalls zu einem gängigen Schuldabwehrargument der deutschen Nachkriegsgesellschaft entwickelte und darüber hinaus zur Konstruktion des eigenen Opferstatus genutzt wurde.[443] Die Verantwortung wurde immer einer machtvolleren Position zugeteilt, man sei demzufolge selber macht-, aufgaben- und damit verantwortungslos gewesen. Im Nürnberger Prozess wurde Hitler zum Teufel, zum Verführer, letztlich zum alleinigen Verantwortlichen für die NS-Verbrechen stilisiert. Greta Bösel schob indessen die Verantwortung ihrem Vorgesetzten Pflaum zu. Zwar konstruierte sie kein dämonisches Bild, gab jedoch unmissverständlich zu verstehen, dass sie, im Gegensatz zu ihm, keine Handlungs- und Weisungsbefugnisse besaß.

Besonders interessant scheint an diesem Argument die ambivalente Einsetzbarkeit. Während die angeklagten Nürnberger Hauptkriegsverbrecher die Hauptschuld abstritten und diese vielmehr anderen, vornehmlich Hitler, zusprachen, waren gerade

---

440 Vgl. dazu Cramer, Farce, S. 210.
441 Vgl. dazu Reichel, Vergangenheitsbewältigung, S. 62.
442 Vgl. dazu WO 235/312, S. 112.
443 Vgl. dazu Reichel, Vergangenheitsbewältigung, S. 52-55, 67; Bartlitz, Ganove, S. 68-69 und Beiträge zur Geschichte der nationalsozialistischen Verfolgung in Norddeutschland, Bd. 3/1997, S. 7-9.

sie in den Augen der Öffentlichkeit die Verantwortlichen für die NS-Verbrechen und wurden gleichermaßen mit diabolischen und dämonischen Bildern gleichgesetzt. Die Konstruktion eines Feindbildes ließ sich an dieser Stelle sowohl zum Nutzen der angeklagten Hauptkriegsverbrecher als auch zum Nutzen der deutschen Nachkriegsgesellschaft funktionalisieren, jeweils mit der Intention, als unschuldig bzw. unverantwortlich zu erscheinen.[444]

Weiterhin stellt die Dauer ihrer Krankheit und die damit verbundene Abwesenheit ein entscheidendes Alibi für Bösel dar. Demzufolge habe sie die längste Zeit, innerhalb derer Selektionen für das sogenannte Jugendlager Uckermark und damit auch für die Gaskammer stattfanden und laut ihrer Darlegung auch die schlimmen Zustände entstanden, nicht gearbeitet. Ob sie wahrhaftig drei Monate aufgrund einer Erkrankung keinen Dienst tat, kann an dieser Stelle nicht sicher geklärt werden. Eine langwierige Krankheit für sehr prekäre Zeiträume als Alibi vorzutäuschen, stellte jedoch eine durchaus verbreitete Entschuldigungsstrategie in NS-Prozessen dar. Einen begründeten Zweifel an Bösels Darstellung wirft zudem die Aussage Hands auf, Bösel sei höchstens „for a few days" krank gewesen.[445] Merkwürdig erscheint an dieser Stelle, dass weder der Judge Advocate noch Steward die Möglichkeit nutzten, um nachzufragen, was ansonsten bei Unstimmigkeiten sehr intensiv in Anspruch genommen wurde. Ob diese Aussage einfach nicht wahrgenommen wurde oder kein weiterer Beweis für Bösels Schuld notwendig erschien, muss an dieser Stelle offen bleiben.

Abschließend lässt sich konstatieren, dass Bösel, wie viele angeklagte Hauptkriegsverbrecherinnen, das Bild der macht- und aufgabenlosen, passiven und unwissenden Aufseherin für sich entwarf[446] – mit den Worten Beyers: „Sie war nur eine kleine Aufseherin mit sehr beschränktem Aufgabenkreis."[447] Er forderte ein Strafmaß, das ihrem geringen Einfluss und ihrer geringen Position innerhalb der Lagerhierarchie gerecht werden sollte.[448]

2.3 Entschuldigung durch Beschuldung

Die Aussage, dass die Selektionen für das Vernichtungslager Uckermark ihr persönliches Verhängnis waren, verkehrt nicht nur die Umstände, sondern macht Bösel gleichfalls zum Opfer. Dies verdeutlichte Beyer in seinem Abschlussplädoyer als auch in seinem Gnadengesuch. Ihr könne man die Verantwortung für solche Selektionen niemals in gleichem Maße vorwerfen, wie denjenigen, die selbst die Auswahl trafen.[449] Worauf sich Beyer mit dieser Aussage bezog und wie unverfroren er hier

---

444 Vgl. Benz, Feindbild, S. 14-15.
445 WO 235/306, S. 29.
446 Kretzer, Job, S. 142.
447 WO 235/312, S. 112.
448 Vgl. dazu WO 235/312, S. 112.
449 WO 235/312, S. 112.

eine Verkehrung der Umstände zur Entschuldung seiner Mandantin einsetzte, wird mit folgender Aussage offenkundig:

> „Well, if she is objected because of her participation in selections for the youth-camp as a wardress, than these reproaches must also be made to all persons have co-operated in any way for the accomplishing of such transports. Herewith I think of the witness Hand, having admitted to have filled out the lists for the selections of the unable to work persons to the transports [...]."[450]

Grotesk erscheint die Behauptung, sogar die ehemalige Gefangene Hand habe eine verantwortungsvollere Position inne gehabt und damit auch eine größere Schuld auf sich geladen als Bösel. Hand wurde beschuldigt, wodurch die Entschuldung Bösels gelingen sollte. Bereits in der Befragung legte Beyer den Grundstein für diese Strategie, indem er Bösel fragte, ob sie etwas von Listen gewusst habe, gemeint waren Listen „arbeitsunfähiger" Menschen. Sie erklärte, sie habe nichts gewusst und schob die Verantwortung auf die Häftlinge und auf Pflaum.[451]

Bösels Darstellung ihrer Behandlung der Häftlinge verdeutlicht neben dem Fehlen eines Schuldbewusstseins die Strategie der Entschuldung durch Beschuldung. Sie leugnete zwar nicht gänzlich, Häftlinge geschlagen zu haben, griff jedoch auf Deutungen zurück, die die Notwendigkeit ihres Handelns belegen und darüber hinaus auch ihre eigentliche Gutmütigkeit betonen sollten. Sie bestritt hingegen gänzlich, Häftlinge misshandelt zu haben, und widersprach somit einem weiteren wesentlichen Anklagepunkt, nämlich dem Tatvorwurf der Misshandlung von Mitgliedern der Alliierten. Dies gelang ihr, indem sie eine eigene Definition von Misshandlung anführte: „Meiner Meinung nach können diese Ohrfeigen nicht als Misshandlung betrachtet werden. Misshandlung ist, wenn man jemanden so schlägt, dass er halb tot ist."[452] Mit dieser Definition bagatellisiert sie ihre Misshandlungen und verortet sich weiterhin innerhalb eines bürgerlichen Selbst- und Wertebewusstseins. Denn solange die Häftlinge sich gut und ordentlich benahmen, habe sie sie auch gut behandelt. Sie sei jedoch gelegentlich gegen ihren Willen dazu gezwungen gewesen, Häftlinge zu schlagen.[453] Auch an dieser Stelle leugnet sie jegliche Schuld und Verantwortung. Sie versucht ihre Taten zu legitimieren, indem sie die Häftlinge kriminalisiert. So betonte Bösel, sie habe auch Häftlinge aus dem Gefängnis zu bewachen gehabt, und suggeriert damit, dass ihre Schläge gerechtfertigt gewesen seien und diese Menschen es verdient hätten. Sie bestreitet gleichfalls das willkürliche Bestrafungssystem, indem sie vorgibt, die Häftlinge hätten eine eindeutige Wahl gehabt, nur wer gegen Regeln verstieß, habe Sanktionen zu befürchten gehabt. Mit

---

450 WO 235/308, S. 227.
451 WO 235/306, S. 197.
452 WO 235/310, S. 22.
453 Vgl. dazu WO 235/310, S. 22.

anderen Worten: Die Häftling seien an den Schlägen schuld, die Bösel ihnen zufüg-
te. Somit entschuldet sie sich selbst, indem sie die Häftlinge beschuldet und sich
demzufolge auch zum Opfer macht. Assmann verweist darauf, dass diese Strategie
eine Tradition aufweist:

> „Der Täter flüchtet sich in eine Opfererinnerung: Wir haben es hier mit dem
> Dauermuster einer uralten und höchst hartnäckigen Selbstentschuldungs-
> strategie zu tun. In dieser Rhetorik der Aufrechnung wird die eine Schuld
> durch die andere aufgewogen und damit gleichsam mathematisch annul-
> liert."[454]

Dass dabei nicht von „der Schuld der Häftlinge" die Rede sein kann, entspricht
nicht der Wahrnehmung Greta Bösels, die betonte, sie habe auch mit kriminellen
Häftlingen zu tun gehabt, was diese zu Schuldigen macht und Greta Bösels Handeln rechtfertigen soll. Gleichzeitig dient der Hinweis auf die schwierige Auseinandersetzung mit den Gefangenen dazu, die harten Umstände, unter denen sie arbeiten musste, hervorzuheben. Folgerichtig legte sie dar, dass ihre Behandlung keine
Misshandlung gewesen sei, sondern lediglich der besonderen Bewachungssituation
entsprochen habe. Auch dies war ein schuldminderndes Argument, das viele Angeklagte für sich geltend machten.[455]

2.4 Die Durchbrechung der Selbstdarstellung

Bösel konstruiert mit Hilfe ihres Anwaltes Beyer vornehmlich das Bild einer passiven, aufgabenlosen und unwissenden Aufseherin. Nur an wenigen Stellen wird diese Selbstdarstellung durchbrochen. Dies geschieht zum einen, als sie ihre Krank-
heitsgeschichte schildert. Wie bereits erwähnt, stellt sie die fehlerhafte Diagnose
durch den Arzt Trommer ausführlich dar. Da sie an dieser Stelle ein ihr zugefügtes
Unrecht erläutert, fallen diese Ausführungen genau aus. Dabei verlässt sie ihre ansonsten zurückhaltende, kurz angebundene und emotionslose Art. Gleichzeitig
durchbricht sie die durch Passivität und Machtlosigkeit gekennzeichnete Selbstinszenierung, indem sie erklärt, wie sie ihre Krankschreibung durchgesetzt habe. In
dieser Darstellung erscheint sie, ganz im Gegensatz zu den anderen Ausführungen,
nicht als machtloses und passives Opfer, sondern als durchsetzungsfähig und aktiv.
Sie illustriert an dieser Stelle, wie sie für ihr Recht erfolgreich kämpfte, und vermittelt dadurch, dass mit ihr nicht willkürlich umgegangen werden konnte, was die
Generierung ihres Opferstatus konterkariert.
Als Bösel über ihre Behandlung der Häftlinge spricht, durchbricht sie zum zweiten
Mal die intendierte Selbstdarstellung, an dieser Stelle jedoch eindeutig nonintentio-

---

454 Assman, A., Schatten, S. 170.
455 Vgl. dazu Cramer, Farce, S. 210.

nal. Dies erfolgte, als sie erläuterte, dass es allgemein bekannt gewesen sei, dass man Häftlinge nicht schlagen durfte, sondern Meldung zu erstatten hatte. Nachdrücklich erklärte sie an dieser Stelle, dass sie jedoch niemals Meldung erstattet habe. Vielmehr habe sie die Häftlinge nur geohrfeigt. Bösel kehrt bei dieser Erklärung die Umstände um, damit sie ihren eigenen Helfermythos konstituieren kann. Sie stellte ihre Ohrfeigen als gute Tat dar, da sie zu Gunsten der Häftlinge die Vorschriften missachtet habe. Denn hätte sie die Häftlinge der Vorschrift entsprechend gemeldet, wäre ihnen Schlimmeres widerfahren. Bösel hebt mit dieser Ausführung ihre gute Art und ihren guten Willen hervor. Diese Stelle macht jedoch entgegen Bösels Intentionen deutlich, dass sie durchaus Handlungs- auch Machtspielräume besaß. Hier setzte sie sich über einen Befehl hinweg und handelte eigenständig, ohne irgendwelche Repressionen zu befürchten. Paradoxerweise betont sie dennoch, lediglich geschlagen und gestoßen zu haben, weil ihr nichts anderes übrig blieb. Übergeordnet bleibt sie in dieser Darstellung der Statuierung ihres Opferstatus treu. Dennoch wird klar, dass sie entgegen ihrer üblichen Ausführungen Handlungsspielräume besaß.

Auch Browning beschreibt in seinem Buch über das Reserve-Polizeibataillon 101 den Tätertyp des vermeintlich Alternativlosen, obwohl es durchaus Möglichkeiten des Entscheidens gegeben habe.[456] In seinem beschriebenen Fall stritten die meisten Männer ebenso ab, Handlungsalternativen gehabt zu haben, obwohl sie deutlich zu Beginn des Auftrages zum Massenmord die Möglichkeit geboten bekamen, vom Einsatz zurückzutreten. Dies wurde auch von einigen genutzt, allerdings nur von ca. 10-20%, wie Browning schätzt.[457] Später stritten jedoch die meisten Vernommenen ab, jemals eine Wahl gehabt zu haben bzw. gaben an, das Angebot, zurücktreten zu können, nicht gehört zu haben.[458] Browning bezeichnet das Eingestehen der Taten und in diesem Fall der eigenen Morde als atypisches Verhalten, viel öfter sei es vorgekommen, dass die Vernommenen zwar zugaben, Tote gesehen zu haben, ihre Tatbeteiligung aber weiterhin leugneten.[459] Darüber hinaus hätten viele Täter zur Rechtfertigung ihrer Taten diese relativiert oder es kam sogar zur Umdeutung der Umstände, so dass die Angeklagten in ihren Darstellungen letztlich zu Helfern wurden.[460] Ein ähnliches Verhalten legt auch Bösel während des Prozesses an den Tag. Generell leugnet sie, misshandelt zu haben, streitet jedoch die ihr nachgewiesenen Taten nicht gänzlich ab, deutet sie allerdings um und konstruiert ihre Helferrolle.

---

456 Vgl. dazu Browning, Männer. Für seine Untersuchung stützt Browning sich auf die Prozessakten des Falls des Reserve-Polizeibataillons 101. Der Prozess wurde unter Federführung der Hamburger Staatsanwaltschaft geführt und dauerte von 1962 bis 1972. Seine Studie stützt sich vornehmlich auf 125 gerichtliche Vernehmungsprotokolle. ZeugInnenaussagen liegen leider so gut wie keine vor. Vgl. dazu S. 13-15.
457 Browning, Männer, S. 106-107.
458 Browning, Männer, S. 106.
459 Vgl. dazu Browning, Männer, S. 106.
460 Vgl. dazu Browning, Männer, S. 107.

Brownings Untersuchungen haben weiterhin ergeben, dass die Angeklagten offenbar nicht das Gefühl hatten, mit den Massenmorden zu tun gehabt zu haben, wenn
sie nicht unmittelbar an ihnen beteiligt waren.[461] Für Bösel kann Ähnliches festgestellt werden. Ihr fehlendes Schuldbewusstsein korrespondiert mit ihrer Aussage,
sie habe lediglich bei den Selektionen für Ordnung gesorgt, demzufolge sei sie auch
nicht für die folgenden Morde verantwortlich.

Für die meisten Polizisten sei es einfacher gewesen, „wahllos" zu sein, da so die
Verantwortung für die Morde abgegeben werden konnte. Dies sei auch der Grund
für die Rechtfertigungsstrategie, man habe nicht anders handeln können, obwohl
die Möglichkeiten durchaus bestanden. Wahrscheinlich glaubten letztlich sogar die
meisten selbst an diese Entschuldung, um somit das eigene Handeln vor sich selbst
legitimieren zu können. Damit dies besser gelang, folgte in vielen Fällen auch die
Konstruktion des Helfermythos.[462] Inwieweit Greta Bösel von ihrer Unschuld ü-
berzeugt gewesen sein mag, kann hier nicht entschieden werden, offenbar wird
allerdings, dass hinter ihrer Darstellung Strategien der Entschuldung stehen.

2.5 Die Kategorie Geschlecht als Entschuldung

Wie aus den letzten Abschnitten hervorgeht, spielte der Rekurs auf das Geschlecht
bei den einzelnen Entschuldungsargumenten und -strategien eine große Rolle.
Gleichfalls konnte aber auch herausgefunden werden, dass Greta Bösel und ihr
Anwalt Entschuldungsstrategien und -argumente nutzten, die beispielsweise auch
von Angeklagten des Nürnberger Prozesses angewendet wurden. Jedoch ist zu be-
merken, dass bei genauerer Analyse die Verwendung der Kategorie Geschlecht
auch bei diesen Argumentationen entscheidend war. Wenn Greta Bösel sich als
passive, unwissende, karriereunbewusste, helfende, wehrlose, gezwungene, in ihrer
Situation überforderte und völlig machtlose Aufseherin darstellt, rekurriert sie auf
die der Frau geschlechtsstereotyp zugedachte Rolle, insbesondere, wenn sie sich
selbst als Objekt in dieser männerdominierten Lagerhierarchie darstellte, was auf
die Urteilsfindung, folgt man der Rechtswissenschaftlerin Susan Edwards, Einfluss
haben kann. Demnach kann die Urteilsfindung durch angepasstes geschlechterste-
reotypes Rollenverhalten der Angeklagten, wie z.B. die Darstellung eines häuslichen
Lebens, einer guten Ehefrau, liebenden Mutter etc., wesentlich zu Gunsten der Angeklagten beeinflusst werden.[463] Es bezogen sich auch die männlichen Angeklagten
auf die Kategorie Geschlecht, wie Kretzer herausfand, was jedoch meist in einer
entgegengesetzten Ausformung geschah. Während bei den angeklagten Frauen
Konformität zum „weiblichen" Ideal vorgeschützt wurde, wollten einige männliche
Angeklagte ihr Handeln im Kontext des soldatischen, durch Härte und Gehorsam

---

461 Vgl. dazu Browning, Männer, S. 107.
462 Browning, Männer, S. 115-123.
463 Eschebach, Frauenbilder, S. 102 und Edwards, Gender, S. 133ff.

gekennzeichneten Mannes verstanden wissen. Andererseits wurden Wesenszüge betont, die den „weichen Kern in der harten Schale" betonen sollten, es tauchte z.B. der Topos des „Blumenfreundes" oder „besorgten Familienvaters" auf.[464] An einer Stelle wurde der Rekurs auf das vermeintlich geschlechtsspezifisch „weibliche" Verhalten besonders deutlich. Indem Beyer die Aussage Hands aufgriff, dass sich auch das Verhalten Bösels nach ca. 14 Tagen verändert habe, und daraufhin Bösel nach der Ursache dieses Wandels fragte, gab sie zur Antwort, sie habe es getan, weil die Leute nicht arbeiten wollten, wie sie sollten.[465] Beyer nutzte diese Aussage, um festzustellen: „And so you saw after a fortnight that with your kind hearted methods you just did not get anywhere?"[466] Bösel antwortete entsprechend: "Quite right; I always tried at first in a decent and good way but I found that these obstinate masses of prisoners I just could not cope with."[467] Als Legitimation für ihr Verhalten wird Überforderung angeführt, wieder sei nicht sie verantwortlich, viel mehr hätten die Umstände, in diesem Fall die Häftlinge, sie zu diesem Verhalten getrieben. Besonders wichtig an dieser Stelle ist die Strategie, Bösel ganz deutlich ein ursprüngliches „weibliches" Verhalten zuzusprechen. Während Steward daran gelegen war, Bösel eine grundsätzliche Devianz von der weiblichen Rollennorm vorzuwerfen, indem er eine Kontinuität ihres Verhaltens unterstellt, betont Beyer, dass sie als ganz „normale", „kind hearted" Frau nach Ravensbrück kam.[468] Erst die Umstände in Ravensbrück hätten sie dazu gezwungen, auch schlagen zu müssen und damit vom „normalen weiblichen Verhalten" abzuweichen. Somit unterstellte auch Beyer Bösel ein deviantes Verhalten. Beyer konstatierte in diesem Kontext, dass sie sich von einer anständigen Aufseherin in eine verwandelt habe, „which used the methods employed by the others"[469]. Nicht ganz nachvollziehbar ist an dieser Stelle die Strategie dieser Feststellung, will man ihm nicht einen groben Verteidigungsfehler vorwerfen. Mit dieser Aussage bezweifelt Beyer nicht, dass Bösel dem Handlungskollektiv der anderen Aufseherinnen zuzurechnen sei. Stellt man diese Aussage nun in den Kontext des gesamten Prozesses, wird die Tragweite dieser Zuordnung bewusst. Demnach habe Bösel die Methoden der anderen und damit auch die Methoden von Binz angewandt.[470] Steward griff diese Aussage spä-

---

464 Kretzer, Job, S. 142.
465 WO 235/306, S. 201.
466 WO 235/306, S. 201.
467 WO 235/306, S. 201.
468 WO 235/306, S. 201.
469 WO 235/306, S. 201.
470 Binz wurde im Laufe des Prozesses immer wieder als besonders grausam und sadistisch dargestellt und avancierte bereits während dieses Prozesses, aber auch in den folgenden Ravensbrück-Prozessen, namentlich im letzten, zum Paradigma der „NS-Bestie", von der es sich abzugrenzen galt bzw. die herangezogen wurde, um eine Aufseherin durch einen Vergleich besonders schwer zu belasten. Ihr Fall wurde bereits Gegenstand wissenschaftlicher Untersuchungen. Vgl. beispielsweise Kretzer, Job, S. 139ff.; Duesterberg, Umkehr, S. 234-236 und Schwartz, Handlungsräume.

ter auch auf und fragte Bösel, ob sie nicht bei Binz „Unterricht" gehabt habe.[471] Diese Frage unterstellt ihr eindeutig ein besonders grausames Verhalten und reiht sie in das Handlungskollektiv der „NS-Bestien" ein.

Beyer und Bösel stritten demnach nicht gänzlich ab, dass Bösel ihr Verhalten änderte und von einer „normalen Frau" mit typisch „weiblichen" Wesenszügen zu einer wurde, die sich wie eine Aufseherin benahm. Als Begründung und Entschuldung dieses Verhaltens, das von beiden demzufolge als Ausnahme definiert wurde, wurden die Umstände angegeben. Hier greift wieder die Hauptentschuldungsstrategie der Generierung des Opferstatus. Nicht sie sei schuld, sondern die Umstände. Dies korrespondiert mit dem vermeintlich geschlechtsspezifischen Charakteristikum der generellen Subordination.[472]

---

471 Vgl. dazu WO 235/306, S. 203-204.
472 Kretzer, Job, S. 143.

V. Fazit

Von Frauen begangene Gewaltverbrechen lösten und lösen immer wieder in der Öffentlichkeit eine besondere Sensationslust aus, die gleichermaßen von Faszination und Abwehr geprägt ist. Der Umgang mit den weiblichen Angeklagten des ersten Ravensbrück-Prozesses bestätigt dies. Sie wurden in den Medien zu „NS-Bestien", „Todesengeln", „sadistischen Huren" und zu „beautiful beasts" stilisiert. Derartige Beurteilungen ließen sich nicht nur außerhalb des Gerichtssaales finden, auch zur Darstellung der Schuld der Angeklagten wurde in Abschlussplädoyers und Urteilsbegründungen auf stereotype Täterschaftsbilder zurückgegriffen. Im ersten Ravensbrück-Prozess standen besonders die Angeklagten Binz, Salvequart und Mory im Vordergrund.[473] Um ihre Taten darstellen und auch erklären zu können, wurde intensiv auf die Kategorie Geschlecht rekurriert.[474] Offensichtlich weckten gerade diese Täterinnen das Interesse und die Sensationslust der Öffentlichkeit und animierten den Ankläger wie das Gericht zu besonders geschlechtsstereotypen Einschätzungen.[475]

So verfasste der oberste Militärrichter (Judge Advocate General) Lord Russell 1958 ein Brevier, in dem er die hingerichtete Binz als eine „brutal and sadistic creature"[476] bezeichnete. Weiter hieß es dort: „the female of the species was more brutal than the male."[477] Die Aussage der französischen Zeugin Claude Vaillant-Couturier vor dem Nürnberger Gericht über die SS, „dass die Männer sich ebenso wie die Frauen benahmen, und dass die Frauen ebenso wild waren wie die Männer"[478], gab nicht die Einschätzung der Mehrheitsbevölkerung wieder. Der Beurteilung der Taten von Frauen lagen andere Ermessenskriterien zugrunde als der Beurteilung der NS-Täterschaft von Männern. Wie der Fall Bösels bestätigt, fungierte die NS-Täterschaft von Männern als delinquente Norm, die als Maßstab herangezogen wurde und an der sich die NS-Täterschaft von Frauen messen lassen musste. Dabei fielen allerdings die Herleitung und damit auch die Erklärungsansätze der Täterschaft sowie die Bewertung unterschiedlich aus, was sich in der Einschätzung des Judge Advocate General widerspiegelt. Zurückzuführen ist dies auf den zeitgenös-

473 Binz war, wie bereist erwähnt, Oberaufseherin und wurde zum Tode durch den Strang verurteilt. Carmen Mory und Vera Salvequart waren beide Häftlinge und Kapos. Auch sie wurden im ersten Ravensbrück-Prozess zum Tode verurteilt. Diese drei Fälle erregten aus unterschiedlichen Gründen Aufsehen: Binz durch ihre Brutalität und ihr junges Alter, Mory besonders durch ihr Auftreten und ihre Darstellungen, Salvequart insbesondere durch die grausame Behandlung der Häftlinge, darunter auch Säuglinge. In allen Fällen wurde maßgeblich mit stereotypen Weiblichkeitsbildern gearbeitet. Vgl. dazu Duesterberg, Umkehr; Kretzer, Job und Law; Taake, SS-Frauen und Schäfer, Selbstverständnis.

474 Vgl. dazu die Beiträge von Kretzer, Law und Job und Duesterberg, Umkehr.

475 Vgl. dazu Duesterberg, Umkehr, S. 234ff. und Kretzer, Job, S. 135ff.

476 Zitiert nach Duesterberg, Umkehr, S. 236.

477 Vgl. dazu Duesterberg, Umkehr, S. 236.

478 Zitiert nach Schwarz, Täterinnen, S. 201.

sischen Konsens über die deviante „Natur" der NS-Täterinnen.[479] Die Herleitung dieses rollendevianten Verhaltens, welches wiederum mit dem Hinweis auf die untypische Wesenhaftigkeit der Täterin erklärt werden sollte, wurde ebenso im Fall Greta Bösels gebraucht. Sie wurde „those types of women" zugeordnet, für deren Typus paradigmatisch Binz und Mory standen, und damit dem entworfenen Täterinnenprofil der „sadistischen Bestie" des ersten Ravensbrück-Prozesses.

Oftmals wurden modische oder äußerliche Anhaltspunkte herangezogen, um das deviante Verhalten der Angeklagten bereits in ihrer Erscheinung aufzuzeigen. Ein mondänes, selbstsicheres und auch gefasstes Verhalten entsprach nicht dem als opportun für Angeklagte in der Öffentlichkeit empfundenen Auftreten. So reagierte ein Leser des „Spiegels" auf den Bericht über die Urteile im ersten Ravensbrück-Prozess empört, denn seiner Meinung nach sei „Maria Mory zu unrecht verurteilt worden".[480] Die „Mata Hari"[481] des Zweiten Weltkrieges habe „zwar mindestens 25 Jahre Arbeitslager verdient, damit sie ihre extravagante Art zu leben und Sensationen zu erleben, aufgibt, aber das Todesurteil hat sie nicht verdient"[482], so die Auffassung des Lesers. Sein Urteil über Treite, der als Arzt in Ravensbrück tätig war und ebenfalls im ersten Ravensbrück-Prozess zum Tode verurteilt wurde, sich dem Vollzug des Todesurteils jedoch durch einen Suizid entzog, fällt hingegen milder aus. Er habe sogar versucht, die Qualen der Häftlinge zu mildern und Schlimmeres abzuwenden. Der Leser endet mit der Frage: „Warum wurde er also trotzdem zum Tode verurteilt, wenn er nur zu schwach war, gegen die Strömung zu schwimmen?"[483] Er hält zwar beide Urteile für ungerechtfertigt, jedoch werden auch in dieser Einschätzung die Taten unterschiedlich bewertet. Während Treite in dieser Darstellung als der gute Helfer erscheint, der sich der Umstände nicht erwehren konnte, wird Mory als Schuldige identifiziert, die sich aber weniger durch das Morden verschuldete, als vielmehr durch ihr Auftreten und ihr inszeniertes Äußeres.

Welche Befürchtung sich hinter dem letzten Satz des Leserbriefes verbirgt, teilte eine Leserin derselben Ausgabe deutlicher in ihrem Leserbrief mit. Auch sie ist der Auffassung, dass Treite zu Unrecht verurteilt wurde, da er „viel Gutes getan hat und mit allen Mitteln versuchte, gegen den Strom der Schlechtigkeit zu schwimmen."[484] Denn verurteilte man ihn, so müssten ihrer Auffassung nach „ungezählte Deutsche zum Tode verurteilt werden."[485] Diese Aussage repräsentiert das ambivalente Verhalten der deutschen Öffentlichkeit zu den alliierten Nachkriegsprozessen. Auf der einen Seite wurden sie inklusive des Kollektivtatvorwurfs entschieden abgelehnt und als Siegerjustiz betitelt, auf der anderen Seite halfen sie „Schuld" und

---

479 Vgl. dazu Kretzer, Job, S. 134.
480 DER SPIEGEL, 7. Ausgabe, 15. Februar 1947, S. 22.
481 DER SPIEGEL, 7. Ausgabe, S. 22.
482 DER SPIEGEL, 7. Ausgabe, S. 22.
483 DER SPIEGEL, 7. Ausgabe, S. 22.
484 DER SPIEGEL, 7. Ausgabe, S. 22.
485 DER SPIEGEL, 7. Ausgabe, S. 22.

„Unschuld" zu definieren und waren somit konstitutiv an der Schaffung des deutschen Nachkriegsbewusstseins beteiligt.[486]
Die Schuld der Angeklagten war in den Augen dieser LeserInnen nicht groß genug, um als Adressaten der „Externalisierung"[487] zu fungieren. Dass die Schuld aber jemandem zugeschrieben werden musste, wird auch in diesen Beiträgen deutlich. Augenfällig wurde der Strom der Zeit als so schlecht und mächtig identifiziert, dass man sich diesem kaum widersetzen konnte. Unausgesprochen, aber deutlich kommt in diesen Beiträgen die Formel zum Vorschein: *Hitler war's!* Hinter dieser stand eine apologetische Strategie – die Mitverantwortung sollte kategorisch ausgeschlossen werden.[488] Die Täterschaftsbilder des frühen Täterschaftsdiskurses zeigen deutlich, dass die in NS-Prozessen angeklagten HauptkriegsverbrecherInnen sich prinzipiell gut als Externalisierungsobjekte eigneten, da sie halfen, Verdrängung und Schuldabwehr forcierter zu betreiben. Die radikalste Variante der Selbstexkulpation bestand in der Statuierung des Opfermythos. Es wurde eine tiefe Grenze zwischen Hitler und dem verführten und betrogenen Volk gezogen. Nach dem Krieg wandte sich die deutsche Gesellschaft von den Verbrechen des Nationalsozialismus ab, doch blieben neben Dämonen kaum noch TäterInnen übrig.[489]
Die Beschreibung der vermeintlichen Wesenhaftigkeit der weiblichen Angeklagten war ein entscheidendes Mittel und gestaltete sich ähnlich wie die Täterschaftsbilder des frühen Täterschaftsdiskurses. Im Kontext dieser Bilder wurden auch die Angeklagten des ersten Ravensbrück-Prozess beurteilt. Sie wurden wie die männlichen Angeklagten des Nürnberger Prozesses als dämonisch, brutal, bestialisch und sadistisch dargestellt. Auch der Beurteilung von Greta Bösels Täterschaft lagen, wie anfänglich vermutet, die Täterschaftsbilder des frühen Täterschaftsdiskurses zugrunde. Sie wurde dem weiblichen Handlungskollektiv der „brutalen Bestien" zugeordnet. Ebenfalls wurde der Versuch unternommen, ihr einen exzeptionell pathologischen Charakter zuzuschreiben, jedoch geschah dies in ihrem Fall mit dem Verweis auf ihr deviantes Verhalten. Die Stilisierung zur Exzesstäterin bedeutete gleichfalls, ihr ein abweichendes, „unweibliches" Verhalten nachzuweisen. Somit kann auch die Vermutung bestätigt werden, dass die Kategorie Geschlecht eine Rolle spielte. Allerdings fiel bei ihr die Hervorhebung ihrer „Obszönität", ihrer „Perversität" und ihrer „Grausamkeit" nicht so deutlich aus, wie es im Fall der „Medienlieblinge" des ersten Ravensbrück-Prozesses Binz, Mory und auch Salvequart der Fall war. Die Untersuchung der Presseberichterstattung zum Fall Bösel konnte im Rahmen dieser Arbeit nicht geleistet werden, stellt aber eine lohnenswerte Aufgabe dar. Aus

---

486 Vgl. dazu Reichel, Vergangenheitsbewältigung und Assmann, A., Schatten.
487 Dieser Begriff wurde von dem Soziologen Rainer M. Lepsius geprägt und drückt den Vorgang aus, Schuld von sich abzuspalten, um sie anderen zuzuschieben. Vgl. dazu Assmann, A., Schatten, S. 170 und Lepsius, Erbe.
488 Assmann, A., Schatten, S. 171.
489 Vgl. dazu Assmann, A., Schatten, S. 173; Bartlitz, Ganove, S. 86-90 und Welzer/Moller/Tschuggnall, Opa, S. 205-210.

den bisherigen Untersuchungen zu Angeklagten des ersten Ravensbrück-Prozesses lässt sich allerdings schließen, dass ihr Fall in der Presse vermutlich nur geringe Beachtung fand.[490] In Arbeiten zu einzelnen SS-Aufseherinnen steht der Vorgang der Stilisierung dieser Angeklagten sowohl innerhalb des Prozesses als auch in der Berichterstattung zu „Bestien" oftmals im Vordergrund.[491] Folgt man diesen Arbeiten, ließe sich die These aufstellen, dass die in extremer Form verbal zum Ausdruck gebrachte Dämonisierung der Angeklagten innerhalb des Prozesses eng mit den Täterschaftsbildern der Presse korrespondierte. Auf der einen Seite gab die Presse, denn die Prozesse waren öffentlich, die vermittelten Täterschaftsbilder wieder und auf der anderen Seite lag es im Interesse der Alliierten, die Akzeptanz der Öffentlichkeit für die Verfahren zu erhalten.

Es sind gerade die Fälle extremer Dämonisierung, die in der Forschung besondere Beachtung fanden und finden. Auch wenn es wichtig und notwendig ist, die Produktion der Bilder der „NS-Bestien" und der damit verbundenen Funktionen aufzuzeigen, um sie dekonstruieren zu können, stellt sich die Frage, welche Bilder wiederum produziert und vielleicht auch reproduziert wurden und werden, wenn sich auch das wissenschaftliche Interesse immer wieder an den offenkundig als exzeptionell wahrgenommen NS-Täterinnen festmacht.

Greta Bösel gehört zu den NS-Täterinnen, die bisher kaum Beachtung fanden. Es konnte herausgefunden werden, dass auch sie im Kontext des Bildes der „brutalen Bestien" beurteilt wurde. Jedoch verlangte die Untersuchung der Beschuldigungsstrategien und der gebrauchten Täterschaftsbilder in ihrem Fall eine umfangreichere Übersetzungsarbeit, da sie eben nicht offenkundig als „sadistic slut"[492] oder als eine „brutal and sadistic creature"[493] bezeichnet wurde, wie es beispielsweise bei Binz der Fall war. Gleichfalls wurde herausgearbeitet, dass die Darstellung und Bewertung der NS-Täterschaft von Frauen in vielen Fällen mit der Darstellung ihrer Äußerlichkeit zusammenfiel bzw. beides in einem engen Wechselverhältnis zueinander stand. In diesem Kontext könnte die Vermutung formuliert werden, dass Greta Bösels Äußeres und ihre Art vor Gericht nicht sonderlich provokant und auffällig wirkten, da auch während des Prozesses nicht darauf abgehoben wurde. Vielleicht erschien sie äußerlich und in ihrer Darstellung schlichtweg zu „normal", so dass sich angestrebte Deutungsmuster schlechter auf sie projizieren ließen. Sie bot damit nicht genügend Angriffsfläche zur offenkundigen Dämonisierung und demzufolge

---

490 Bei Kretzer spielt die Berichterstattung eine wichtige Rolle, aber auch in vielen anderen Arbeiten, die sich mit NS-Täterinnen beschäftigen.

491 Dies ist der Fall bei Kretzer und bei Duesterberg. Auch Taake untersucht u.a. Aufseherinnen, zu denen bereits Untersuchungen erschienen sind und die sich in den zeitgenössischen Darstellungen durch ihre „Bestialität" auszeichneten. Vgl. auch Fußnote 30. Zu Irma Grese und Carmen Mory sind Untersuchungen erschienen und auch Dorothea Binz taucht in Darstellungen immer wieder auf.

492 Vgl. dazu Duesterberg, Umkehr, S. 239.

493 Vgl. dazu Duesterberg, Umkehr, S. 236.

auch nicht die Möglichkeit zur Entdämonisierung, wodurch ihr Fall bisher weder öffentliches noch wissenschaftliches Interesse erregen konnte.

Dass unter den zahlreichen Stereotypisierungen weiblicher Täterschaft sich im öffentlichen Diskurs das Bild der „weiblichen Bestie" besonders häufig wiederfindet, begründet Kretzer mit dem diesem Bild inhärenten Deutungspotenzial. Das Bild der „weiblichen Bestie" habe sich für die Exkulpations- und Normalisierungswünsche der direkten Nachkriegsgesellschaft als sehr effektiv erwiesen.[494] Die NS-Täterinnen, denen eine Umkehrung aller „Weiblichkeit" nachgewiesen werden konnte, erschienen als eine Verwirrung der Natur, was bewirkte, dass die erwünschte Distanz zum „Normalmenschen" noch größer wurde.[495] Die Darstellung der NS-Täterschaft von Frauen war immer mit Normen und Normverletzungen verbunden. Die Stereotypisierung der NS-Täterschaft von Frauen ermöglichte, laut Kretzer, in einem umfangreicheren Maße als die der NS-Täterschaft von Männern die Abgrenzung von den verbrecherischen, nationalsozialistischen Taten und somit die Entschuldung der „Normalgesellschaft". Wenn die direkte Nachkriegsgesellschaft das Verbrecherische und auch Schuldige des NS-Regimes mit Hilfe von Bildern darstellte, die nachdrücklich Abnormität, Diabolisches, Widernatürliches offenbarten, so bot das Bild irregulärer „widernatürlicher Weiblichkeit" eine besonders gute Fläche, dieser dämonisierten Darstellung des NS-Regimes und der NS-TäterInnen ein kollektivierbares Gegenmodell entgegenzusetzen, das die Vorstellung einer Normalität der Unschuldigkeit transportierte.[496] Daher erwies sich weibliche NS-Täterschaft als besonders gut instrumentalisierbar für die gesellschaftliche kollektive Entschuldung.[497]

Ebenso wurde in einigen Fällen der Rekurs auf die „Weiblichkeit" zur Entschuldung instrumentalisiert.[498] Auch Greta Bösel und ihr Anwalt nutzten an vielen Stellen Weiblichkeitsstereotype für ihre Entschuldungsstrategie. Während die Anklage versuchte, ihr ein „normales weibliches" Wesen abzusprechen, unternahm Greta Bösel an vielen Stellen den Versuch, ihrem Handeln eine „typisch weibliche" Konnotation zu geben. Sie wollte sich klar innerhalb einer „typisch weiblichen" Rolle verortet wissen, was sich in vielen Darstellungen ausdrückte. Sie trat als Helfende auf, entwarf vor Gericht das Selbstbild der passiven, im Objektstatus gefangenen Frau, die fremdbestimmt von den Umständen des Krieges und der männerdominierten Militärhierarchie in eine „Situation" geraten sei, die ihr nun vorgeworfen würde. Die Verantwortung für ihr Handeln wies sie von sich, vielmehr rechnete sie diese der übergeordneten männlichen Führungselite zu, die die Macht- und Befehlsgewalt besaß, sie hingegen habe eine gänzlich unbedeutende Funktion inne

---

494 Vgl. dazu Kretzer, Job, S. 137 und Friedrich, Amnestie, S. 403-405.
495 Vgl. dazu Kretzer, Job, S. 137 und Friedrich, Amnestie, S. 403-405.
496 Vgl. dazu Kretzer, Job, S. 137.
497 Vgl. dazu Kretzer, Job, S. 137ff.
498 Vgl. dazu Kretzer, S. 142 und Kuhn, Täterschaft, S. 25ff.

gehabt. In ihren Aussagen und Darstellungen erscheint sie lediglich als willenlose Statistin, während die männliche Führungselite aktiv und vorsätzlich agierte. Gleichfalls rechtfertigte sie ihr Handeln, indem sie auf die Überforderung durch die schwere Bewachungssituation in Ravensbrück verwies und damit ausdrückte, zu einem für Frauen ungeeigneten Job gezwungen worden zu sein. Es konnte herausgefunden werden, dass diese Selbstinszenierung in weiten Teilen nicht ihrem Verhalten und ihrer Position in Ravensbrück entsprach. Wie einige angeklagte Frauen in NS-Prozessen begründete auch Greta Bösel diese Apologien, indem sie Weiblichkeit mit Unschuld und Passivität gleichsetzte.[499]

Die Entschuldungsstrategien und -argumente Greta Bösels und ihres Anwaltes konnten ebenfalls im Kontext allgemein verbreiteter Entschuldungsbemühungen von NS-Angeklagten in Nachkriegsprozessen verortet werden. Sie verwies auf den Befehlsnotstand, auf ihre geringe Position, darauf, von nichts gewusst zu haben, auf den Druck und die damit verbundene Alternativlosigkeit und sie verkehrte auch die Umstände, deutete Situationen zu ihren Gunsten um, konstruierte das Bild der Helferin. Die Ambivalenz dieser Entschuldung, dieser Schuldabwehr wird deutlich im Rahmen der Betrachtung der Schuldabwehrbemühungen der deutschen Nachkriegsgesellschaft. Der Mythos von der Verführten, von dem Verführten des Nationalsozialismus, vom Opfer des Nationalsozialismus prägte ebenfalls den privaten deutschen Erinnerungsrahmen.[500] Entschuldungs- und Schuldabwehrstrategien, wie z.B. die Darstellung der Alternativlosigkeit oder des Zwangs und Drucks und das damit verbundene Bild der allgegenwärtigen und allwissenden Gestapo, konnten bis in die Gegenwart hinein in deutschen Familiengedächtnissen tradiert werden.[501] Derartige Darstellungen und Strategien gilt es kritisch zu überprüfen.

---

499 Vgl. dazu Kretzer, Job, S. 142.
500 Vgl. dazu Assmann, A., Schatten, S. 181. Assmann spricht von einem asymmetrischen Erin-nerungsrahmen. Während sich im privaten Erinnerungsrahmen viele Deutsche als „Opfer" Hitlers und ahnungslose Verführte gefühlt haben, stand es nicht zur Debatte, dies zur offiziellen Doktrin der Vergangenheitspolitik zu machen. Auf nationaler Ebene bestand ein Konsens über die politische Verantwortung.
501 Die Studie von Welzer/Moller/Tschuggnall zeigen derartige Strategien und Tradierungen im Gedächtnis vieler deutscher Familien auf. Vgl., S. 205 und über das Familiengedächtnis S. 18ff.

VI. Anhang

1. Quellenverzeichnis

Quellen aus dem Ravensbrück-Archiv (RA) der Mahn- und Gedenkstätte Ravensbrück (MGR):

Prozessakten

JAGs Office: War Crimes Case Files, Second World War, Ravensbruck Case, Case No. 225, Vol. I, Public Record Office Kew/London [PRO], WO 235/305 – Sammlung MGR/StBG, RA KL/43-10 – PRO WO 235/305.

JAGs Office: War Crimes Case Files, Second World War, Ravensbruck Case, Case No. 225, Vol. I, Public Record Office Kew/London [PRO], WO 235/306 – Sammlung MGR/StBG, RA KL/43-10 – PRO WO 235/306.

JAGs Office: War Crimes Case Files, Second World War, Ravensbruck Case, Case No. 225, Vol. I, Public Record Office Kew/London [PRO], WO 235/308 – Sammlung MGR/StBG, RA KL/43-10 – PRO WO 235/308.

JAGs Office: War Crimes Case Files, Second World War, Ravensbruck Case, Case No. 225, Vol. I, Public Record Office Kew/London [PRO], WO 235/310 – Sammlung MGR/StBG, RA KL/ 43-10 – PRO WO 235/310.

JAGs Office: War Crimes Case Files, Second World War, Ravensbruck Case, Case No. 225, Vol. I, Public Record Office Kew/London [PRO], WO 235/312 – Sammlung MGR/StBG, RA KL/43-10 – PRO WO 235/312.

JAGs Office: War Crimes Case Files, Second World War, Ravensbruck Case, Case No. 225, Vol. I, Public Record Office Kew/London [PRO], WO 235/318 – Sammlung MGR/StBG, RA KL/43-10 – PRO WO 235/318.

Ermittlungsakten

JAGs Office, British Army of the Rhine [BAOR] War Crimes Group [WCG] North West Europe [NWE] and predecessors: Registered Files, Case No. 1, Ravensbruck Concentration Camp, Germany: trial and extradition aspects, PRO WO 309/1655 – Sammlung MGR/StBG, RA KL/43-10 – PRO WO 309/1655.

JAGs Office, British Army of the Rhine [BAOR] War Crimes Group [WCG] North West Europe [NWE] and predecessors: Registered Files, Case No. 1, Ravensbruck Concentration Camp, Germany: trial and extradition aspects, PRO WO 309/1662 – Sammlung MGR/StBG, RA KL/43-10 – PRO WO 309/1662.

Zeitschrift

DER SPIEGEL, 7. Ausgabe, 15. Februar 1947.

2. Literaturverzeichnis

Abbati, Caterina, Ich, Carmen Mory. Das Leben einer Berner Arzttochter und Gestapo-Agentin (1906 - 1947), Zürich 1999.

Arendt, Hannah, Eichmann in Jerusalem: Ein Bericht von der Banalität des Bösen, Hamburg 1978.

Dies., Nach Auschwitz. Essays und Kommentare 1, Berlin 1989.

Dies., Was heißt persönliche Verantwortung unter einer Diktatur?, S. 81-97, in: Arendt, Hannah, Nach Auschwitz. Essays und Kommentare 1, Berlin 1989.

Arndt, Ino, Das Frauenkonzentrationslager Ravensbrück, S. 125-157, in: Dachauer Hefte, Heft 3/1993, Frauen. Verfolgung und Widerstand.

Assmann, Aleida, Der lange Schatten der Vergangenheit. Erinnerungskultur und Geschichtspolitik, München 2006.

Dies., Erinnerungsräume. Formen und Wandlungen des kulturellen Gedächtnisses, München 1999.

Assmann, Jan, Das kulturelle Gedächtnis. Schrift, Erinnerung und politische Identität in frühen Hochkulturen, München 1992.

Bartlitz, Christine, Von „gewöhnlichen Ganoven" und „erbärmlichen Kreaturen". Täterbilder in der Berichterstattung des Berliner Rundfunks über den Nürnberger Prozess 1945/1946, S. 66-91, in: Weckel, Ulrike/Wolfrum, Edgar, „Bestien und Befehlsempfänger". Frauen und Männer in NS-Prozessen nach 1945, Göttingen 2003.

Becker, Hellmut/Flechtheim, Ossip K./Friedrich, Jörg/Hirsch, Martin/Kempner, Robert M. W./Preuß, Ulrich K., Der Nürnberger Prozess: Siegerjustiz oder Gerichtshof der Völker? Eine Diskussion, S. 95-125, in: Wollenberg, Jörg (Hg.), „Von der Hoffnung aller Deutschen". Wie die BRD entstand 1945-1949, Köln 1991.

Becker, Ruth/Kortendiek, Beate (Hg.), Handbuch Frauen- und Geschlechterforschung. Theorie, Methoden, Empirie, Wiesbaden 2004.

Becker-Schmidt, Regina/Knapp, Gudrun-Axeli, Feministische Theorien zur Einführung, Hamburg 2000.

Beiträge zur Geschichte der nationalsozialistischen Verfolgung in Norddeutschland, Bd. 7/2005, Entgrenzte Gewalt. Täterinnen und Täter im Nationalsozialismus.

Beiträge zur Geschichte der nationalsozialistischen Verfolgung in Norddeutschland, Bd. 3/1997, Die frühen Nachkriegsprozesse.

Beiträge zur Geschichte der nationalsozialistischen Verfolgung in Norddeutschland, Bd. 9/2005. Schuldig. NS-Verbrechen vor Gericht.

Benz, Wolfgang, Feindbild und Vorurteil. Beiträge über Ausgrenzung und Verfolgung, München 1996.

Ders. und Distel, Barbara (Hg.), Der Ort des Terrors. Die Geschichte der nationalsozialistischen Konzentrationslager, Bd. 1/2005.

Bessmann, Alyn/Buggeln, Marc, Befehlsgeber und Direkttäter vor dem Militärgericht. Die britische Strafverfolgung der Verbrechen im KZ Neuengamme und seinen Außenlagern, S. 522-542, in: Zeitschrift für Geschichtswissenschaften, Heft 6/2005 (53. Jahrgang).

Bloxham, Donald, Pragmatismus als Programm. Die Ahndung deutscher Kriegsverbrechen durch Großbritannien, S. 140-179, in: Frei, Norbert (Hg.), Transnationale Vergangenheitspolitik. Der Umgang mit deutschen Kriegsverbrechen in Europa nach dem Zweiten Weltkrieg, Göttingen 2006.

Bock, Gisela, Die Frauen und der Nationalsozialismus. Bemerkungen zu einem Buch von Claudia Koonz, S. 563-579, in: Geschichte und Gesellschaft, Heft 15/1989.

Dies., Frauen und Geschlechterbeziehungen in der nationalsozialistischen Rassenpolitik, in: Wobbe, Theresa (Hg.), Nach Osten. Verdeckte Spuren nationalsozialistischer Verbrechen, Frankfurt a.M. 1992.

Dies., Ganz normale Frauen. Täter, Opfer, Mitläufer und Zuschauer im Nationalsozialismus, S. 245-277, in: Heinsohn, Kirsten/Vogel, Barbara/Weckel, Ulrike (Hg.), Zwischen Karriere und Verfolgung. Handlungsräume von Frauen im nationalsozialistischen Deutschland, Frankfurt a.M. 1997.

Brown, Daniel Patrick, The Beautiful Beast. The Life & Crimes of SS-Aufseherin Irma Grese, Ventura 1996.

Browning, Christopher R., Ganz normale Männer. Das Reserve-Polizeibataillon 101 und die „Endlösung" in Polen, Hamburg 1993.

Buber-Neumann, Margarete, Als Gefangene bei Stalin und Hitler. Eine Welt im Dunkel, Stuttgart/Herford 1985.

Cramer, John, Farce oder Vorbild? Der erste Belsen-Prozess in Lüneburg 1945, S. 201-219, in: Fritz, Ulrich/Kavčič, Silvija/Warmbold, Nicole (Hg.), Tatort KZ. Neue Beiträge zur Geschichte der Konzentrationslager, Ulm 2003.

Distel, Barbara, Frauen in nationalsozialistischen Konzentrationslagern – Opfer und Täterinnen, S. 195-209, in: Benz, Wolfgang/Distel, Barbara (Hg.), Der Ort des Terrors. Die Geschichte der nationalsozialistischen Konzentrationslager, Bd. 1, München 2005.

Drobisch, Klaus/Wieland, Günther, System der NS-Konzentrationslager 1933-1939, Berlin 1993.

Duesterberg, Julia, Von der „Umkehr aller Weiblichkeit". Charakterbilder einer KZ-Aufseherin, S. 227-243, in: Eschebach, Insa/Jacobeit, Sigrid/Wenk, Silke (Hg.), Gedächtnis und Geschlecht. Deutungsmuster in Darstellungen des nationalsozialistischen Genozids, Frankfurt a.M./New York 2002.

Ebbinghaus, Angelika, Opfer und Täterinnen. Frauenbiographien des Nationalsozialismus, Nördlingen 1987.

Ebert, Jens/Eschebach, Insa (Hg.), „Die Kommandeuse", Erna Dorn – zwischen Nationalsozialismus und Kaltem Krieg, Berlin 1994.

Eckes, Thomas, Geschlechtsstereotype: Von Rollen, Identitäten und Vorurteilen, S. 165-176, in: Becker, Ruth/Kortendiek, Beate (Hg.), Handbuch Frauen- und Geschlechterforschung. Theorie, Methoden, Empirie, Wiesbaden 2004.

Edwards, Susan, Gender "Justice"? Defendants and Mitigating Sentence, S. 129-158, in: Dies. (Hg.), Gender, Sex and the Law, London 1985.

Dies. (Hg.), Gender, Sex and the Law, London 1985.

Elling, Hanna/Krause-Schmitt, Ursula, Die Ravensbrück-Prozesse vor dem britischen Militärgericht in Hamburg, S. 13-38, in: informationen – Zeitschrift des Studienkreises: Deutscher Widerstand, Heft 35/1992 (17. Jahrgang).

Erpel, Simone, Das „Jugendschutzlager" Uckermark als Vernichtungslager, S. 179-197, in: Limbächer, Katja/Merten, Maike/Pfefferle, Bettina (Hg.), Das Mädchenkonzentrationslager Uckermark, Münster 2000.

Dies. (Hg.), Im Gefolge der SS: Aufseherinnen des Frauen-KZ Ravensbrück, Berlin 2007.

Eschebach, Insa/Kootz, Johanna (Hg.), Das Frauenkonzentrationslager Ravensbrück: Quellenlage und Quellenkritik. Fachtagung vom 29.5. bis 30.5.1997. Dokumentation, Berlin 1997.

Dies., Gespaltene Frauenbilder. Geschlechterdramaturgien im juristischen Diskurs ostdeutscher Gerichte, S. 95-116, in: Weckel, Ulrike/Wolfrum, Edgar, „Bestien und Befehlsempfänger". Frauen und Männer in NS-Prozessen nach 1945, Göttingen 2003.

Dies./Jacobeit, Sigrid/Wenk, Silke (Hg.), Gedächtnis und Geschlecht. Deutungsmuster in Darstellungen des nationalsozialistischen Genozids, Frankfurt a.m./New York 2002.

Fest, Joachim C., Das Gesicht des Dritten Reiches, München 1963.

Frei, Norbert (Hg.), Transnationale Vergangenheitspolitik. Der Umgang mit deutschen Kriegsverbrechen in Europa nach dem Zweiten Weltkrieg, Göttingen 2006.

Friedrich, Jörg, Die kalte Amnestie. NS-Täter in der Bundesrepublik, München 1994.

Fritz, Ulrich/Kavčič, Silvija/Warmbold, Nicole (Hg.), Tatort KZ. Neue Beiträge zur Geschichte der Konzentrationslager, Ulm 2003.

Füllberg-Stollberg, Claus/Jung, Martina/Riebe, Renate/Scheitenberger, Martina, Frauen in Konzentrationslagern. Bergen-Belsen, Ravensbrück, Bremen 1994.

Gehmacher, Johanna/Hauch, Gabriella (Hg.), Frauen- und Geschlechtergeschichte des Nationalsozialismus. Fragestellungen, Perspektiven, neue Forschungen, Wien 2007.
Gildemeister, Regine, Doing-Gender: Soziale Praktiken der Geschlechterunterscheidung, S. 132-140, in: Becker, Ruth/Kortendiek, Beate (Hg.), Handbuch Frauen- und Geschlechterforschung. Theorie, Methoden, Empirie, Wiesbaden 2004.

Gransee, Carmen/Stammermann, Ulla, Kriminalität als Konstruktion von Wirklichkeit und die Kategorie Geschlecht. Versuch einer feministischen Perspektive, Pfaffenweiler 1992.

Gravenhorst, Lerke, Nehmen wir den Nationalsozialismus und Auschwitz ausreichend als unser negatives Eigentum in Anspruch? Zu Problemen im feministisch-sozialwissenschaftlichen Diskurs der Bundesrepublik Deutschland, S. 17-37, in: Gravenhorst, Lerke/Tatschmurat, Carmen (Hg.), Töchter-Fragen. NS-Frauen-Geschichte, Freiburg 1990.

Gravenhorst, Lerke/Tatschmurat, Carmen (Hg.), Töchter-Fragen. NS-Frauen-Geschichte, Freiburg 1990.

Haag, Lina, Eine Handvoll Staub, Frankfurt a.M. 1979.

Hagemann-White, Carol, Sozialisation: Weiblich - männlich?, Opladen 1984.

Harders, Cilja/Roß, Bettina (Hg.), Geschlechterverhältnis in Krieg und Frieden, Perspektiven der feministischen Analyse internationaler Beziehungen, Opladen 2002.

Hartmann, Lukas, Die Frau im Pelz. Leben und Tod der Carmen Mory, Zürich 1999.

Heigl, Peter, Nürnberger Prozesse, München 2001.

Heike, Irmtraud, „... da es sich ja lediglich um die Bewachung der Häftlinge handelt...". Lagerverwaltung und Bewachungspersonal, S. 221-239, in: Füllberg-Stollberg, Claus/Jung, Martina/Riebe, Renate/Scheitenberger, Martina, Frauen in Konzentrationslagern. Bergen-Belsen, Ravensbrück, Bremen 1994.

Dies., Die Notwendigkeit, den „Täterinnen"-Begriff zu revidieren. Eine Einleitung, S. 3-6. in: WerkstattGeschichte, Bd. 12/1995, 'Täterinnen' im Konzentrationslager.

Dies., Ehemalige KZ-Aufseherinnen in westdeutschen Strafverfahren, S. 89-101, in: Beiträge zur Geschichte der nationalsozialistischen Verfolgung in Norddeutschland, Heft 9/2005, Schuldig. NS-Verbrechen vor Gericht.

Dies., Johanna Langefeld. Die Biographie einer KZ-Oberaufseherin, S. 7-19, in: WerkstattGeschichte, Bd. 12 (1995), 'Täterinnen' im Konzentrationslager.

Dies. und Pflock, Andreas, Geregelte Strafen, willkürliche Gewalt und Massensterben, S. 241-249, in: Füllberg-Stollberg, Claus/Jung, Martina/Riebe, Renate/Scheitenberger, Martina, Frauen in Konzentrationslagern. Bergen-Belsen, Ravensbrück, Bremen 1994.

Dies. und Strebel, Bernhard, Häftlingsselbstverwaltung und Funktionshäftlinge im Konzentrationslager Ravensbrück, S. 88-97, in: Füllberg-Stollberg, Claus/Jung, Martina/Riebe, Renate/Scheitenberger, Martina, Frauen in Konzentrationslagern. Bergen-Belsen, Ravensbrück, Bremen 1994.

Heinsohn, Kirsten/Vogel, Barbara/Weckel, Ulrike (Hg.), Zwischen Karriere und Verfolgung. Handlungsräume von Frauen im nationalsozialistischen Deutschland, Frankfurt a.M. 1997.

Herbert, Ulrich/Orth, Karin/Diekmann, Christoph (Hg.), Die nationalsozialistischen Konzentrationslager – Entwicklung und Struktur, Bd. 1/1998.

Herkommer, Christina, Frauen im Nationalsozialismus - Opfer oder Täterinnen? Eine Kontroverse der Frauenforschung im Spiegel feministischer Theoriebildung und der allgemeinen historischen Aufarbeitung der NS-Vergangenheit, München 2005.

Hervé, Florence (Hg.), Geschichte der deutschen Frauenbewegung, Köln 2001.

Herzog, Monika/Strebel, Bernhard, Das Frauenkonzentrationslager Ravensbrück, S. 13-16, in: Füllberg-Stollberg, Claus/Jung, Martina/Riebe, Renate/Scheitenberger, Martina, Frauen in Konzentrationslagern. Bergen-Belsen, Ravensbrück, Bremen 1994.

Hessische Landeszentrale für politische Bildung (Hg.), Frauen im Nationalsozialismus. Schriftenreihe: Analysen, Meinungen, Debatten, Bd. 7/1994.

Hilberg, Raul, Die Vernichtung der europäischen Juden, Frankfurt a.M. 1990.

Ders., Täter, Opfer, Zuschauer. Die Vernichtung der Juden 1933-1945, Frankfurt a.M. 1992.

Jacobeit, Sigrid, Zur Geschichte des Jugend-Konzentrationslagers Uckermark im Gesamtkonzept der Mahn- und Gedenkstätte Ravensbrück/Stiftung Brandenburgische Gedenkstätten, S. 232-239, in: Limbächer, Katja/Merten, Maike/Pfefferle, Bettina (Hg.), Das Mädchenkonzentrationslager Uckermark, Münster 2000.

Kaienburg, Hermann, Die britischen Militärgerichtsprozesse zu den Verbrechen im Konzentrtationslager Neuengamme, S. 56-64, in: Beiträge zur Geschichte der nationalsozialistischen Verfolgung in Norddeutschland, Bd. 3/1997, Die frühen Nachkriegsprozesse.

Keen, Adam, Gesichter des Bösen. Über die Entstehung unserer Feindbilder, München 1986.

Kettenacker, Lothar, Die Behandlung der Kriegsverbrecher als angloamerikanisches Rechtsproblem, S. 17-31, in: Ueberschär, Gerd R. (Hg.), Der Nationalsozialismus vor Gericht. Die alliierten Prozesse gegen Kriegsverbrecher und Soldaten 1943-1952, Frankfurt a.M. 1999.

Kogon, Eugen, Der SS-Staat. Das System der deutschen Konzentrationslager, Frankfurt a.M. 1958.

Kolbe, Christian, „Und da begann ich zu überlegen". Adolf Eichmanns zwiespältige Erinnerung an sein ungarisches „Meisterstück", S. 65-93, in: Wojak, Irmtrud/Meinl, Susanne, (Hg.) im Auftrag des Fritz Bauer Instituts, Im Labyrinth der Schuld, Täter – Opfer – Ankläger, Frankfurt a.m./New York, S. 2003.

Koonz, Claudia, Mütter im Vaterland. Frauen im Dritten Reich, Hamburg 1994.

Kretzer, Anette, „His or her special job". Die Repräsentation von NS-Verbrecherinnen im ersten Hamburger Ravensbrück-Prozess und im westdeutschen Täterschafts-Diskurs, S. 134-150, in: Beiträge zur Geschichte der nationalsozialistischen Verfolgung in Norddeutschland, Bd. 7/2005, Entgrenzte Gewalt – Täterinnen und Täter im Nationalsozialismus.

Dies., She who violates the law of war... Hauptkriegverbrecherinnen im Hamburger Ravensbrück-Prozess 1946/47, S. 123-141, in: Harders, Cilja/Roß, Bettina (Hg.), Geschlechterverhältnis in Krieg und Frieden, Perspektiven der feministischen Analyse internationaler Beziehungen, Opladen 2002.

Kubetzky, Thomas, Der Drütte-Prozess 1947. Ein Kriegsverbrecherprozess vor einem britischen Militärgericht und seine Besonderheiten, S. 145-157, in: Moller, Sabine/Rürup, Miriam/Trouvé, Christel (Hg.), Abgeschlossene Kapitel? Zur Geschichte der Konzentrationslager und der NS-Prozesse, Tübingen 2002.

Kuhn, Annette, Die Täterschaft deutscher Frauen im NS-System – Traditionen, Dimensionen, Wandlungen, in: Hessische Landeszentrale für politische Bildung (Hg.), Frauen im Nationalsozialismus. Schriftenreihe: Analysen, Meinungen, Debatten, Bd. 7, Wiesbaden 1994.

Kundrus, Birthe, Widerstreitende Geschichte. Ein Literaturbericht zur Geschlechtergeschichte des Nationalsozialismus, in: Neue politische Literatur, Heft 45/2000.

KZ-Gedenkstätte Neuengamme (Hg.), Abgeleitete Macht: Funktionshäftlinge zwischen Widerstand und Kollaboration. Beiträge zur Geschichte der nationalsozialistischen Verfolgung in Norddeutschland, Bd. 4/1998.

Dies., Entgrenzte Gewalt: Täterinnen und Täter im Nationalsozialismus. Beiträge zur Geschichte der nationalsozialistischen Verfolgung in Norddeutschland, Bd. 7/2002.

Lanwerd, Susanne/Stoehr, Irene, Frauen- und Geschlechterforschung zum Nationalsozialismus seit den 1970er Jahren. Forschungsstand, Veränderungen, Perspektiven, S. 22-68, in: Gehmacher, Johanna/Hauch, Gabriella (Hg.), Frauen- und Geschlechtergeschichte des Nationalsozialismus. Fragestellungen, Perspektiven, neue Forschungen, Wien 2007.

Leo, Annette, Ravensbrück – Stammlager, S. 473-520, in: Benz, Wolfgang/Distel, Barbara (Hg.), Der Ort des Terrors. Geschichte der nationalsozialistischen Konzentrationslager, Bd. 4, Flossenburg, Mauthausen, Ravensbrück, München 2006.

Lepsius, Rainer M., Das Erbe des Nationalsozialismus und die politische Kultur der Nachfolgestaaten des „Großdeutschen Reiches", S. 247-264, in: Haller, Max (Hg.), Kultur und Gesellschaft, Frankfurt a.m./New York 1989.

Limbächer, Katja/Merten, Maike/Pfefferle, Bettina (Hg.), Das Mädchenkonzentrationslager Uckermark, Münster 2000.

Livi, Massimiliano, Gertrud Scholtz-Klink. Die Reichsfrauenführerin: Politische Handlungsräume und Identitätsprobleme der Frauen im Nationalsozialismus am Beispiel der Führerin aller deutschen Frauen, Münster 2005.

Mailänder Koslov, Elissa, Lebenslauf einer SS-Aufseherin, S. 96-116, in: Fritz, Ulrich/Kavčič, Silvija/Warmbold, Nicole (Hg.), Tatort KZ. Neue Beiträge zur Geschichte der Konzentrationslager, Ulm 2003.

Merten, Maike/Limbächer Katja, Geschichte des Jugendschutzlagers Uckermark, S. 16-43, in: Limbächer, Katja/Merten, Maike/Pfefferle, Bettina (Hg.), Das Mädchenkonzentrationslager Uckermark, Münster 2000.

Meyer, Kathrin, „Die Frau ist der Frieden der Welt": Von Nutzen und Lasten eines Weiblichkeitsstereotyps in Spruchkammerentscheidungen gegen Frauen, S. 117-138, in: Weckel, Ulrike/Wolfrum, Edgar (Hg.), „Bestien" und „Befehlsempfänger". Frauen und Männer in NS-Prozessen nach 1945, Göttingen 2003.

Moller, Sabine/Rürup, Miriam/Trouvé, Christel (Hg.), Abgeschlossene Kapitel? Zur Geschichte der Konzentrationslager und der NS-Prozesse, Tübingen 2002.

Morrison, Jack, Ravensbrück: Das Leben in einem Konzentrationslager für Frauen 1939 – 1945, Regensburg 2002.

Morsch, Günter/Ohm, Agnes/Pasquale de, Sylvia (Hg.), „Hier war das ganze Europa". Überlebende der Konzentrationslager Ravensbrück und Sachsenhausen in der europäischen Nachkriegszeit, Berlin 2004.

Müller, Christoph Markus, Anscheinsbeweis im Strafprozess am Beispiel der Feststellung von Kausalität und von Dispositionsprädikaten, Schriften zum Prozessrecht, Bd. 144/1998.

Müller, Monika, Die Oberaufseherin Maria Mandl. Werdegang, Dienstpraxis und Selbstdarstellung nach Kriegsende, S. 48-58, in: Erpel, Simone (Hg.), Im Gefolge der SS: Aufseherinnen des Frauen-KZ Ravensbrück, Berlin 2007.

Müller-Münch, Ingrid, Die Frauen von Majdanek. Vom zerstörten Leben der Opfer und der Mörderinnen, Hamburg 1982.

Nave-Herz, Rosemarie, Die Geschichte der Frauenbewegung in Deutschland, Bonn 1997.

Oppel, Stefanie, Marianne Eßmann: Von der Kontoristin zur SS-Aufseherin. Dienstverpflichtung als Zwangsmaßnahme?, S. 81-88, in: Erpel, Simone (Hg.), Im Gefolge der SS: Aufseherinnen des Frauen-KZ Ravensbrück, Berlin 2007.

Orth, Karin, Das System der nationalsozialistischen Konzentrationslager. Eine politische Organisationsgeschichte, Hamburg 1999.

Dies., Die Konzentrationslager-SS. Sozialstrukturelle Analysen und biographische Studien, Göttingen 2000.

Dies., Experten des Terrors. Die Konzentrationslager-SS und die Shoah, S. 93-108, in: Paul, Gerhard (Hg.), Die Täter der Shoah. Fanatische Nationalsozialisten oder Deutsche?, Göttingen 2002.

Paech, Norman, Das Versprechen von Nürnberg: Zur Aktualität der Prozesse nach fünfzig Jahren, S. 12-29, in: Beiträge zur Geschichte der nationalsozialistischen Verfolgung in Norddeutschland, Bd. 3/ 1997, Die frühen Nachkriegsprozesse.

Paul, Christa, Zwangsprostitution. Staatlich errichtete Bordelle im Nationalsozialismus, Berlin 1994.

Paul, Gerhard (Hg.), Die Täter der Shoah. Fanatische Nationalsozialisten oder Deutsche?, Göttingen 2002.

Ders., Von Psychopathen, Technokraten des Terrors und ganz „gewöhnlichen" Deutschen. Die Täter der Shoah im Spiegel der Forschung, S. 13-90, in: Paul, Gerhard (Hg.), Die Täter der Shoah. Fanatische Nationalsozialisten oder ganz normale Deutsche?, Göttingen 2002.

Paul-Horn, Ina, Faszination Nationalsozialismus? Zu einer politischen Theorie des Geschlechterverhältnisses, Pfaffenweiler 1993.

Perels, Joachim, Verpasste Chancen. Zur Bedeutung der Nürnberger Nachfolgeprozesse vor dem Hintergrund der ungenügenden Strafverfolgung von NS-Tätern und -Täterinnen in der BRD, S. 30-37, in: Beiträge zur Geschichte der nationalsozialistischen Verfolgung in Norddeutschland, Bd. 3/1997, Die frühen Nachkriegsprozesse.

Philipp, Grit, Kalendarium der Ereignisse im Frauen-Konzentrationslager Ravensbrück 1939-1945, Berlin 1999.

Przyrembel, Alexandra, Der Bann eines Bildes, Ilse Koch, Die „Kommandeuse von Buchenwald", S. 245-267, in: Eschebach, Insa/Jacobeit, Sigrid/Wenk, Silke (Hg.), Gedächtnis und Geschlecht. Deutungsmuster in Darstellungen des nationalsozialistischen Genozids, Frankfurt a.M./New York 2002.

Reese, Dagmar/Sachse, Carola, Frauenforschung und Nationalsozialismus. Eine Bilanz, S. 73-106, in: Gravenhorst, Lerke/Tatschmurat, Carmen (Hg.), Töchter-Fragen. NS-Frauen-Geschichte, Freiburg 1990.

Reichel, Peter, Vergangenheitsbewältigung in Deutschland. Die Auseinandersetzung mit der NS-Diktatur von 1945 bis heute, München 2001.

Röhr, Werner/Berlekamp, Brigitte (Hg.), Tod oder Überleben? Neue Forschung zur Geschichte des Konzentrationslagers Ravensbrück, Berlin 2001.

Rückerl, Adalbert, NS-Verbrechen vor Gericht. Versuch einer Vergangenheitsbewältigung, Heidelberg 1982.

Saldern, Adelheid von, Opfer oder (Mit-) Täterinnen? Kontroversen über die Rolle der Frauen im NS-Staat, S. 97-113, in: Sozialwissenschaftliche Informationen, Heft 2/1991, Mittäter: Gesellschaft im Nationalsozialismus.

Schaff, Adam, Stereotype und das menschliche Handeln, Wien/München/Zürich 1980.

Schäfer, Silke, Zum Selbstverständnis von Frauen in Konzentrationslagern. Das Lager Ravensbrück, unter: http://edocs.tu-berlin.de/diss/2002/schaefer_silke.pdf, Stand 1. Februar 2007.

Scheffler, Wolfgang, NS-Prozesse als Geschichtsquelle. Bedeutung und Grenzen ihrer Auswertbarkeit durch den Historiker, in: Scheffler, Wolfgang/Bergmann, Werner (Hg.), Lerntag über den Holocaust als Thema im Geschichtsunterricht und in der politischen Bildung, Berlin 1988.

Ders. und Bergmann, Werner (Hg.), Lerntag über den Holocaust als Thema im Geschichtsunterricht und in der politischen Bildung, Berlin 1988.

Schulze, Rainer, „The picture seems to be more than necessarily complicated". Zur Quellenüberlieferung in britischen Archiven, in: Beiträge zur Geschichte der nationalsozialistischen Verfolgung in Norddeutschland, Bd. 3/1997, Die frühen Nachkriegsprozesse.

Schwartz, Johannes, Das Selbstverständnis Johanna Langefelds als SS-Oberaufseherin, S. 71-95, in: Fritz, Ulrich/Kavčič, Silvija/Warmbold, Nicole (Hg.), Tatort KZ. Neue Beiträge zur Geschichte der Konzentrationslager, Ulm 2003.

Ders., Handlungsräume einer KZ-Aufseherin. Dorothea Binz – Leiterin des Zellenbaus und Oberaufseherin, S. 59-71, in: Erpel, Simone (Hg.), Im Gefolge der SS: Aufseherinnen des Frauen-KZ Ravensbrück, Berlin 2007.

Schwarz, Gudrun, Die nationalsozialistischen Lager, Frankfurt a.M. 1996.

Dies., Verdrängte Täterinnen. Frauen im Apparat der SS (1939-1945), in: Wobbe, Theresa (Hg.), Nach Osten. Verdeckte Spuren nationalsozialistischer Verbrechen, Frankfurt a.M. 1992.

Sofsky, Wolfgang, Die Ordnung des Terrors: Das Konzentrationslager, Frankfurt a.M. 2004.

Steinbach, Peter, Der Nürnberger Prozess gegen die Hauptkriegsverbrecher, S. 32-44, in: Ueberschär, Gerd R., Der Nationalsozialismus vor Gericht. Die alliierten Prozesse gegen Kriegsverbrecher und Soldaten 1943-1952, Frankfurt a.M. 1999.

Strebel, Bernhard, Das KZ Ravensbrück: Geschichte eines Lagerkomplexes, Paderborn 2003.

Ders., Ravensbrück – das zentrale Frauenkonzentrationslager, S. 215-258, in: Herbert, Ulrich/Orth, Karin/Diekmann, Christoph (Hg.), Die nationalsozialistischen Konzentrationslager – Entwicklung und Struktur, Bd. 1, Göttingen 1998.

Ders., Die „Lagergesellschaft", Aspekte der Häftlingshierarchie und die Gruppenbildung in Ravensbrück, S. 79-89, in: Füllberg-Stollberg, Claus/Jung, Martina/Riebe, Renate/Scheitenberger, Martina, Frauen in Konzentrationslagern. Bergen-Belsen, Ravensbrück, Bremen 1994.

Taake, Claudia, Angeklagt: SS-Frauen vor Gericht, Oldenburg 1998.

Telford, Taylor, Die Nürnberger Prozesse. Hintergründe, Analysen und Erkenntnisse aus heutiger Sicht, München 1992.

Thiessen, Barbara, Feminismus: Differenz und Kontroversen, S. 35-41, in: Becker, Ruth/Kortendiek, Beate (Hg.), Handbuch Frauen- und Geschlechterforschung. Theorie, Methoden, Empirie, Wiesbaden 2004.

Tuchel, Johannes, Konzentrationslager. Organisationsgeschichte und Funktion der „Inspektion der Konzentrationslager" 1934-1938, Boppard 1991.

Ueberschär, Gerd R., Der Nationalsozialismus vor Gericht. Die alliierten Prozesse gegen Kriegsverbrecher und Soldaten 1943-1952, Frankfurt a.M. 1999.

Weckel, Ulrike/Wolfrum, Edgar (Hg.), „Bestien" und „Befehlsempfänger". Frauen und Männer in NS-Prozessen nach 1945, Göttingen 2003.

Wedgwood, Nikki / Robert W. Connell, Männlichkeitsforschung: Männer und Männlichkeiten im internationalen Forschungskontext, S. 112-121, in: Becker, Ruth/Beate Kortendiek (Hrsg.): Handbuch der Frauen- und Geschlechterforschung, Theorie, Methoden, Empirie, Wiesbaden 2004.

Weigel, Sigrid, Bilder des kulturellen Gedächtnisses. Beiträge zur Gegenwartsliteratur, Dülmen-Hiddingsel 1994.

Weinke, Annette, Die Verfolgung von NS-Tätern im geteilten Deutschland. Vergangenheitsbewältigung 1949-1969 oder: Eine deutsch-deutsche Beziehungsgeschichte im Kalten Krieg, Paderborn 2002.

Welzer, Harald, Täter. Wie aus ganz normalen Menschen Massenmörder werden, Frankfurt a.M. 2005.

Ders., Wer waren die Täter? Anmerkungen zur Täterforschung aus sozialpsychologischer Sicht, S. 237-253, in: Paul, Gerhard (Hg.), Die Täter der Shoah. Fanatische Nationalsozialisten oder ganz normale Deutsche?, Göttingen 2002.

Ders. und Moller, Sabine/Tschuggnall, Karoline (Hg.), „Opa war kein Nazi". Nationalsozialismus und Holocaust im Familiengedächtnis, Frankfurt a.M. 2003.

Wember, Heiner, Umerziehung im Lager. Internierung und Bestrafung von Nationalsozialisten in der britischen Besatzungszone Deutschlands, Koblenz 1991.

Wenk, Silke/Eschebach, Insa, Soziales Gedächtnis und Geschlechterdifferenz. Eine Einführung, S. 13-38, in: Eschebach, Insa/Jacobeit, Sigrid/Wenk, Silke (Hg.), Gedächtnis und Geschlecht. Deutungsmuster in Darstellungen des nationalsozialistischen Genozids, Frankfurt a.M./New York 2002.

Wetterer, Angelika, Konstruktion von Geschlecht, Reproduktionsweisen der Zweigeschlechtlichkeit, S. 132-140, in: Becker, Ruth/Kortendiek, Beate (Hg.), Handbuch Frauen- und Geschlechterforschung. Theorie, Methoden, Empirie, Wiesbaden 2004.

Wickert, Christel, Tabu Lagerbordell. Vom Umgang mit Zwangsprostitution nach 1945, S. 41-58, in: Eschebach, Insa/Jacobeit, Sigrid/Wenk, Silke (Hg.), Gedächtnis und Geschlecht. Deutungsmuster in Darstellungen des nationalsozialistischen Genozids, Frankfurt a.M./New York 2002.

Wildt, Michael, Generation des Unbedingten. Das Führungskorps des Reichssicherheitshauptsamtes, Hamburg 2002.

Wilke, Jürgen/Schenk, Birgit/Cohen, Akiba A./Zemach, Tamar, Holocaust und NS-Prozesse. Die Presseberichterstattung in Israel und Deutschland zwischen Aneignung und Abwehr, Weimar/Wien 1995.

Wippermann, Wolfgang, Konzentrationslager. Geschichte, Nachgeschichte, Gedenken, Berlin 1999.

Wobbe, Theresa (Hg.), Nach Osten. Verdeckte Spuren nationalsozialistischer Verbrechen, Frankfurt a.M. 1992.

Wojak, Irmtrud/Meinl, Susanne, (Hg.), Im Labyrinth der Schuld. Täter – Opfer – Ankläger, Frankfurt, New York, S. 2003.

Wolfangel, Eva, „Nie anders, als ein willenloses Rädchen". Margarete Mewes: Aufseherin und Leiterin des Zellenbaus im KZ Ravensbrück 1939-1945, S. 72-80, in: Erpel, Simone (Hg.), Im Gefolge der SS: Aufseherinnen des Frauen-KZ Ravensbrück, Berlin 2007.

Wollenberg, Jörg (Hg.), „Von der Hoffnung aller Deutschen". Wie die BRD entstand 1945-1949, Köln 1991.

Internetquellen

http://www.genderkompetenz.info/gendermainstreaming/grundlagen/stereotype/ Stand November 2008.

http://www.his-online.de/ Stand 11. Februar 2007.

Zivilisationen & Geschichte

Herausgegeben von Ina Ulrike Paul und Uwe Puschner

Band 1 Ljiljana Heise: KZ-Aufseherinnen vor Gericht. Greta Bösel – „another of those brutal types of women"? 2009.

Band 2 Ivonne Meybohm: Erziehung zum Zionismus. Der Jüdische Wanderbund Blau-Weiß als Versuch einer praktischen Umsetzung des Programms der Jüdischen Renaissance. 2009.

www.peterlang.de

Klaus W. Tofahrn

Das Dritte Reich und der Holocaust

Frankfurt am Main, Berlin, Bern, Bruxelles, New York, Oxford, Wien, 2008.
449 S.
ISBN 978-3-631-57702-8 · br. € 39.80*

Der Nationalsozialismus steht für den Geschichts- und Sozialwissenschaftler nach mehr als 60 Jahren nach dessen Ende immer noch im Fokus des Interesses. Die Arbeit setzt sich präzise und übersichtlich mit dieser Geschichtsepoche auseinander und vermittelt dem zeit- und kulturgeschichtlich interessierten Leser in übersichtlicher Form wichtige Daten und Fakten. Kompakte Hintergrundinformationen (Biographien, Beiträge von Zeitzeugen, Glossar) sowie ein Dokumententeil, ein umfassendes bibliographisches Verzeichnis sowie ein ausführliches Sach- und Personenregister vervollständigen diese Wissensbasis.

Aus dem Inhalt: Das Dritte Reich und der Holocaust · Some Reports of Holocaust-Survivors · Biographien · Dokumente · Glossar · Verzeichnisse

Frankfurt am Main · Berlin · Bern · Bruxelles · New York · Oxford · Wien
Auslieferung: Verlag Peter Lang AG
Moosstr. 1, CH-2542 Pieterlen
Telefax 00 41 (0)32/376 17 27

*inklusive der in Deutschland gültigen Mehrwertsteuer
Preisänderungen vorbehalten

Homepage http://www.peterlang.de

Printed by
CPI books GmbH, Leck